JN257708

共生社会を切り開く

障碍者福祉改革の羅針盤

佐藤久夫 著

TOWARD AN INCLUSIVE SOCIETY

A Guidepost for Institutional Reform of Disability Policy

有斐閣

本書のコピー、スキャン、デジタル化等の無断複製は著作権法上での例外を除き禁じられています。本書を代行業者等の第三者に依頼してスキャンやデジタル化することは、たとえ個人や家庭内での利用でも著作権法違反です。

はじめに

本書は、「障がい者制度改革推進会議総合福祉部会」(以下「総合福祉部会」)が二〇一一年八月三〇日にまとめた「障害者総合福祉法の骨格に関する総合福祉部会の提言――新法の制定を目指して」(以下「骨格提言」)を取り上げたものです。「骨格提言」は、厚生労働省のウェブサイトなどでいつでも読んだり取り出したりすることができます。

しかしその内容をできるだけ深く正確に理解し、今後の日本の障碍者福祉の羅針盤、到達すべき目標として活用するには、ややていねいな解説書があったほうがよいと考えました。それは「総合福祉部会」の部会長であった私の責任でもあると感じてきました。

障碍のある人、家族、支援職員、行政担当者、研究者、障碍者福祉を学ぶ学生の皆さんに読んでいただき、「骨格提言」の実現のための取り組みに活用していただければ幸いです。

「骨格提言」は、日本が二〇一四年に批准した障害者権利条約を福祉分野で実行するものであり、自立支援法違憲訴訟の和解での約束の実現であり、障碍者も安心して暮らせる共生社会を切り開く羅針盤です。「骨格提言」は、障害者自立支援法に賛成してきた人も反対してきた人も含めて、内閣府と厚生労働省が委嘱した障碍当事者、家族、事業者、自治体、学識経験者からなる五五人の委員が、立場と意見の違いを越えて議論し合意したものです。障害者権利条約と整合する障碍者福祉の制度はこの方向しかありません。

本書の構成は、まず序章で「障がい者制度改革」の全体の流れをまとめ、これまでの成果を九点にわたって整理しました。

第1章では「骨格提言」の背景と成立過程を見たうえで、その内容を法の理念・目的、障碍者の範囲、支給決定、サービス体系、地域移行など課題別に確認しています。

第2章では、「骨格提言」と比較しつつ障害者総合支援法の課題を考察しました。あわせて障害者権利条約の条文に照らしての障害者総合支援法の問題点も指摘しました。

第3章では、「骨格提言」作成過程で厚生労働省が提出した「他法との整合性」「公平性・客観性」「財政の壁」などのコメントを紹介し、批判的に検討しました。

終章では、「骨格提言」に沿う法制度の実現は国際的国内的変化から見て必然であり、それがめざす共生社会は大震災から復興・新生しようとする日本がめざす社会であるとしました。

また、資料として「骨格提言」の六〇項目の「表題と結論」を掲げました。

なお、本書では、序章の補論で取り上げたように、障壁との関係で「ショウガイ」をとらえるために、一般名詞としては「障碍」を用います。法制度の名称等の固有名詞では「障害」あるいは「障がい（者制度改革）」とします。

目　次

目　次

序章

「障がい者制度改革」の第二ステージへ

第5回「障がい者制度改革推進会議」（2010年3月19日）では鳩山総理大臣（当時）が挨拶。
（提供：特定非営利活動法人日本障害者協議会，以下写真はすべて同会提供）

二〇〇九年一二月の「障がい者制度改革推進本部」の設置に始まる「障がい者制度改革」（以下「改革」）は、二〇一四年一月の障害者の権利に関する条約（以下「条約」）の批准によって一つの区切りを迎えた。これは「改革」の主要な目的が、「条約」の批准が可能となるよう障碍者関係法を見直して「条約」に整合させることであったので当然である。

とはいえ「改革」が完了したわけではなく、いわば「改革」の第一ステージが終了し、二〇一四年から第二ステージに入ったと見るべきであろう。第二ステージで継続すべき「改革」の主な課題としては、障害者総合支援法附則の検討規定の五項目（実質一〇項目）の検討、障害者差別解消法の基本方針等の策定、障害者雇用促進法の差別禁止指針等の策定がある。また第二ステージでは、「条約」や新障害者基本計画を含め、第一ステージで改革された法制度の「実行を監視・評価する課題」も重要である。

本章では「骨格提言」の基盤である「障がい者制度改革」を取り上げる。「改革」がなければ「骨格提言」は生まれなかったし、「骨格提言」は「改革」の主要成果の一つである。

「骨格提言」はその後の障碍者福祉法制度の改正（二〇一二年の障害者総合支援法の成立等）にあまり反映されてはいない。「障がい者制度改革」の五つの提言（表序-1）の中で、少なくとも今まで最も生かされなかったのがこの福祉分野の提言であった。にもかかわらず、あるいはむしろそれゆえに、この提言は日本の障碍者福祉・障碍者政策にとって重要性がある。その重要性を明らかにすることが本書の目的である。そのためにもまず「改革」の全体像を見ておきたい。

1　「障がい者制度改革」の背景

「改革」の背景には国際的な要因と国内的な要因がある。

国際的要因とは「条約」の批准のために必要とされたということである。二〇〇九年一二月八日閣議決定「障がい者制度改革推進本部の設置について」でも「障害者の権利に関する条約（仮称）の締結に必要な国内法の整備を始めとする我が国の障害者に係る制度の集中的な改革」を行うとしている。

よく知られているように、当初政府は大きな国内法の改革なしに「条約」を批准しようとし、二〇〇九年の通常国会で承認を得るための「公定訳」を用意した。しかし国内法の見直しなしの批准は認められないとする日本障害フォーラム（JDF）など障碍者団体の強い要請[1]を受けて断念した。

（1）　日本障害フォーラム（JDF）「障害者権利条約批准に関する意見」二〇〇九年二月一三日

他方、国内的要因としては、二〇〇九年の政権交代と「自立支援法違憲訴訟」がある。二〇〇九年の総選挙で民主党を中心とする政権が生まれたが、民主党は「政権政策 Manifesto 2009」で「『障害者自立支援法』は廃止し、『制度の谷間』がなく、サービスの利用者負担を応能負担とする障がい者総合福祉法（仮称）を制定する」「わが国の障がい者施策を総合的かつ集中的に改革し、『国連障害者権利条約』の批准に必要な国内法の整備を行うために、内閣に『障がい者制度改革推進本部』を設置する」と約束していた。

一方、二〇〇六年度施行の障害者自立支援法に対しては障碍当事者や関係者の不満と批判が強く、前述のマニフェストにもあるように大幅な改正が求められていた。とくに七一人の原告による障害者自立支援法違憲訴訟（第1章第1節で詳述）が起きており、被告の立場を引き継いだ新政権はただちに和解を模索し、二〇一〇年一月七日、「障害者自立支援法違憲訴訟原告団・弁護団と国（厚生労働省）との基本合意文書」（以下「基本合意」）が結ばれた。そこでは「遅くとも平成二五年（二〇一三年）八月までに、障害者自立支援法を廃止し新たな総合的な福祉法制を実施する。そこにおいては、障害福祉施策の充実は、憲法等に基づく障害者の基本的人権の行使を支援するものであることを基本とする」「新たな総合的福祉制度を制定するに当たって、国（厚生労働省）は、今後推進本部において、上記の反省に立ち、原告団・弁護団提出の本日付要望書を考慮の上、障害者の参画の下に十分な議論を行う」などの約束がなされた。この文中の「上記の反省」とは、(自立支援法の内容と策定過程に問題があり)「障害者の人間としての尊厳を深く傷つけた」ことに対する「心からの反省」を意味する。

なお、二〇一三年八月までの新法実施には二〇一二年中の法制定が必要で、二〇一一年夏には法案の骨格が示されねばならない。よって、福祉分野の制度改革はとくに急がれることとなった。

2　「障がい者制度改革」の体制とその特徴

「障がい者制度改革推進本部」は、その下に実質的な検討組織である「推進会議」を発足させ、さらに「総合福祉」と「差別禁止」の二つの部会を設けた(図序-1)。「推進会議」は二〇一一年の改正障害者基本法に基づく障害者政策委員会の発足に伴い廃止され、その役割を政策委員会に引き継いだ。

「推進会議」は二年半に三八回開催され二つの「意見」を、「総合福祉部会」は二年余りの間に一九回開催され「骨格提言」を、「差別禁止部会」は二年余りの間に二五回開催され「意見」をそれぞれまとめた(表序-1)。

これらの検討組織は従来の審議会とは異なる四つの特徴をもっている。

図序-1 「障がい者制度改革」の検討組織

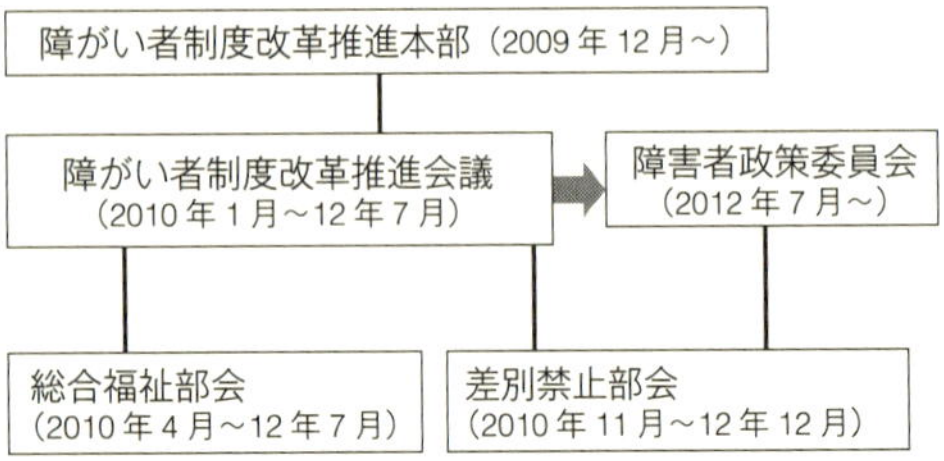

まず第一に、障碍当事者・家族中心の構成である。当事者意見の反映という「条約」の原則が反映された。「推進会議」は二四人中一四人が当事者・家族、その後継の「政策委員会」は三〇人中一六人が当事者・家族となっている。「総合福祉部会」は五五人中、当事者・家族二九人、事業者一四人、学識経験者九人、自治体首長三人という内訳であった（表序-2）。ここでは障碍当事者でもある学識経験者などの場合には当事者に区分した。「総合福祉部会」には事業者が多く含まれている点が「推進会議」と異なるが、具体的な制度の検討が含まれる「部会」と改革の基本方向を示す「推進会議」の性格の相違によるものであろう。

一方、「差別禁止部会」の構成は、一五人の構成員中障碍当事者が五人、大学教授等学識経験者が一〇人で、法律学の研究者や弁護士が多くを占めた。

なお、障碍当事者や家族の区分は、これらの組織によるものではなく筆者の判断である。当事者団体や家族団体の役員であれば区分しやすい。しかし、学識経験者できょうだいに障碍者がいるが、そ

表序-1　「障がい者制度改革」の政策提言一覧

組織	題名	日付	備考
障がい者制度改革推進会議	障害者制度改革の推進のための基本的な方向(第一次意見)	2010(平成22)年6月7日	改革の課題・分野・方向性と工程表の提言
	障害者制度改革のための第二次意見	2010(平成22)年12月17日	障害者基本法改正への提言
総合福祉部会	障害者総合福祉法の骨格に関する総合福祉部会の提言	2011(平成23)年8月30日	障害者総合福祉法のあり方の提言
差別禁止部会	「障害を理由とする差別の禁止に関する法制」についての差別禁止部会の意見	2012(平成24)年9月14日	障害者差別禁止法のあり方の提言
障害者政策委員会	新「障害者基本計画」に関する障害者政策委員会の意見	2012(平成24)年12月17日	2013年度からの新障害者基本計画への提言

のことは周囲にあまり話していない人の区分などは主観的になりやすい。事業者の肩書きで委員となっている当事者は今回は当事者と区分したが、本来は複数の軸で両方に区分する必要があるかもしれない。二〇一一年の改正障害者基本法は、審議・監視機関の委員構成を多様な障碍者の意見が反映されるようにすることを政府・自治体に求めているので、比較可能な評価方法の開発が期待される。

第二に、行政主導ではなく委員主導の運営である。たとえば「総合福祉部会」では、検討課題の整理や検討日程、素案や最終案などすべて委員が準備し部会で確認した。役所の担当者は裏方（会場・資料の準備、情報保障の手配など）に徹した。また「推進会議」でも四時間の議論を月四回行ったり、分散会・分科会を設けたり、

表序-2　検討機関の委員構成

		推進会議（2010年～）	総合福祉部会（2010年～）	政策委（2012年～）
障碍当事者	肢体	○○○○○	○○○○○	○○○○
	視覚	○○	○○	○○○
	聴覚	○○	○○	○○
	盲ろう	○	○○	○
	精神	○	○○○	○
	知的	○	○○	○
	難病		○	○
家族	肢体		○○	
	知的	○	○○○○○	○
	精神	○	○	○
	重心		○	
	高次脳機能		○	
	難病		○	
	発達		○	○
学識経験者		○○○○○ ○○	○○○○○ ○○○○	○○○○○ ○
自治体		○○	○○○	○○
事業者			○○○○○ ○○○○○ ○○○○	○○○○
財界				○
労組		○		○
合計		24人	55人	30人
障碍者・家族の再掲		14人	29人	16人

Eメールでの意見の集約を行うなど、委員主導による実質的な議論がかなり実現した。

第三に、情報保障など参加確保のための配慮である。手話・要約筆記・指点字・点字資料のほか、知的障碍者へのサポート者の配置や、難しい用語の説明を求めて議論を一時止める「イエローカード」(2)の配布、頻繁な休憩時間の確保、などである。体温調節の困難な障碍者がいるにもかかわらず全庁的な節電のために室温が下がらず、氷を脇腹にあてるなどの対応もあった。なお「推進会議」では知的障碍のある委員から、様々な配慮にもかかわらず議論への実質的な参加が困難であるとの問題提起が何度もなされた。

第四に、ライブ中継やオンデマンドでの情報公開、多くの傍聴者席の準備など公開性・透明性を徹底したことである。

(2)「イエローカード」は知的障碍のある委員が会議に参加しやすくする配慮の一つで、話し方が早すぎる、理解できない言葉がある、などと感じた場合にこのカードを掲げて議場に伝える。発言者は直ちに発言を中止し、ゆっくり話す、用語の解説をするなどの対応をする。

3 「障がい者制度改革」の経過

「推進会議」は最初の半年に政策の分野ごとに集中的な検討を行い、「改革」の基本方向と工程表の案を「第一次意見」として報告した。

「改革」の基本的方向の要点は表序‐3に示した。まず障碍者を普通の市民、平等な権利主体と見る。その障碍者が普通に地域社会に参加することがめざすべき共生社会であり、その参加のために必要な支援や環境を用意するのがあるべき障碍者制度だとする。ここで注目されるのは、障碍者をどのような存在と見るか、障碍の理解の仕方・定義・表記はどうあるべきか、どのような社会をめざすかなど、政策や施策のあり方を考える場合のもっとも基礎となる部分を重視していることである。

そしてこのような基本方向に沿った制度の転換をおおむね三年程度で行うべく、工程表を提案した。これをふまえた閣議決定はほぼこの「第一次意見」に沿ったものとなり、その中の工程表の主要なポイントは表序‐4のとおりである。とくに重要な三つの法律については横断的課題として毎年一つずつ改正や制定を行い、その他の一一分野についてもほぼ三年間で見直しを行うこととされた。

表序-3 「推進会議」第一次意見の基本的考え方

基本的考え方	1 「権利の主体」である社会の一員	
	2 「差別」のない社会づくり	
	3 「社会モデル」的観点からの新たな位置付け	
	4 「地域生活」を可能とするための支援	
	5 「共生社会」の実現	
改革の方向性	項目	内容の要約
	1 地域で暮らす権利の保障とインクルーシブな社会の構築	地域移行や地域生活支援の充実を柱に据えた施策の展開
	2 障碍のとらえ方	環境との相互作用(医学モデル→社会モデル)
	3 障碍の定義	サービスを必要とするすべての障碍者を支援
	4 差別の定義	法律における定義の明確化(合理的配慮を含む)
	5 言語・コミュニケーションの保障	手話を含む言語とコミュニケーション手段の選択の保障
	6 虐待のない社会づくり	虐待防止，被害の救済等の制度構築
	7 障害の表記	国民各層の議論動向をふまえた考え方の整理
	8 実態調査	障碍者および家族の実態把握とそれをふまえた制度設計

（出所）　障がい者制度改革推進会議「障害者制度改革の推進のための基本的な方向（第一次意見）」2010年6月7日（抄）。下段の8項目の「内容の要約」は筆者による。

表序-4　障がい者制度改革の「工程表」（閣議決定）

横断的課題	障害者基本法の改正と改革の推進体制	2011 年に法案提出をめざす	
	「障害者総合福祉法」（仮称）の制定	2012 年に法案提出，13 年 8 月までの施行	
	障害者差別禁止法の制定	2013 年に法案提出をめざす	
分野別課題	①労働および雇用	福祉的就労への労働法規の適用のあり方	~2011 年内
		雇用率制度についての検証・検討	~2012 年内目途
		職場での合理的配慮確保のための方策	~2012 年度内目途
	②教育	インクルーシブ教育理念での制度改革の基本的方向	~2010 年度内
		手話・点字等に通じた教員の確保・専門性向上方策	~2012 年度内目途
	③所得保障	障碍者の所得保障を公的年金見直しに合わせ検討	~2012 年内目途
		住宅の確保のための支援のあり方	~2012 年内
	④医療	医療費用負担のあり方（応能負担）	~2011 年内
		社会的入院を解消するための体制	~2011 年内
		精神障碍者の強制入院等のあり方	~2012 年内目途
	⑤障碍児支援	相談・療育支援体制の改善に向けた方策	~2011 年内
	⑥虐待防止	虐待防止制度の構築に向けた必要な検討	
	⑦建物利用・交通アクセス	地方のバリアフリー促進等の方策	~2010 年度内目途
	⑧情報アクセス・コミュニケーション保障	情報バリアフリー化のための環境整備のあり方	~2012 年内
		障碍特性に応じた災害時緊急連絡の伝達の方策	~2012 年内
	⑨政治参加	選挙情報への障碍者のアクセスを容易にする取り組み	~2010 年度内
		投票所のバリア除去等	
	⑩司法手続	刑事訴訟手続での障碍の特性に応じた配慮方策	~2012 年内目途
	⑪国際協力	アジア太平洋での障碍分野の国際協力への貢献	

（出所）　2010 年 6 月 29 日閣議決定「障害者制度改革の推進のための基本的な方向について」より筆者作成。

表序-5　主な「障がい者制度改革」の経過

2010年1月	制度改革推進会議発足
4月	総合福祉部会発足
6月	推進会議第一次意見・閣議決定（工程表）
11月	差別禁止部会発足
12月	推進会議第二次意見
2011年7月	**障害者基本法改正**
8月	「障害者総合福祉法」制定に向けた「骨格提言」（総合福祉部会）
2012年6月	**障害者自立支援法の改正（障害者総合支援法制定）**
7月	障害者政策委員会発足（推進会議廃止）
9月	差別禁止部会の「意見」
12月	新障害者基本計画に関する意見（政策委員会）
2013年6月	**障害者差別解消法制定**
9月	新障害者基本計画（2013-2017）策定
2014年1月	**障害者権利条約批准（2月発効）**

「改革」のその後の経過は、主要部分については（内容面では課題があるものの）ほぼこの工程表どおりに進められてきた（表序－5）。

「推進会議」は次の半年間は主に障害者基本法改正について議論し、その結果を二〇一〇年一二月に「第二次意見」として報告、これをベースに二〇一一年七月、障害者基本法改正がなされた。

二〇一一年八月には「総合福祉部会」の「骨格提言」がまとまり、二〇一二年六月に（提言された新法の制定ではなく）自立支援法の一部改正（障害者総合支援法制定）がなされた。

さらに二〇一二年九月の「差別禁止部会」の「意見」をふまえて、二〇一三年六月障害者差別解消法が制定された。二〇一三年一二月には「条約」の批准の国会承認が得られ、翌年一月には批准手続きが完了した。

工程表の一一の分野別課題については「推進会議」とその下の部会ではなく、主として既存の審議会等での検討事項とされ、「推進会議」との調整を図るとされた。しかし「推進会議」にも、その後継の障害者政策委員会にもまとまった報告はなく、全体として二〇一〇年の閣議決定がどう実現し、残された課題は何なのか、明確にはされていない。

ただし二〇一一年障害者虐待防止法の制定、二〇一三年障害者雇用促進法の改正（精神障碍者の雇用義務化、雇用差別の禁止など）、二〇一三年公職選挙法改正（成年被後見人の選挙権回復）、二〇一三年災害対策基本法改正（高齢者・障碍者など要援護者の名簿の作成と活用）、二〇一三年学校教育法施行令（政令）の改正（総合的観点による就学先決定）など一定の改革をみた課題もある。

「推進会議」が衣替えした障害者政策委員会は、二〇一二年七月の第一回会議から二〇一四年四月までに一二回開催され、二〇一二年中は主に新しい障害者基本計画のあり方を議論し、政府への意見をまとめた。政府はそれをふまえて新しい計画を二〇一三年九月に決定した。障害者政策委員会は続く二〇一三年後半以降、障害者差別解消法に基づいて国が定める「基本方針」のあり方の議論を行った。委員の任期は二年で、二〇一四年五月に第一期の任期が終了した。

障害者政策委員会は、「条約」の批准によってその第三三条「国内における実施及び監視」による「この条約の実施を促進し、保護し、及び監視するための枠組み」としての役割を背負うこととなったので、「障害者基本計画」の実施を調査審議・監視する役割と合わせて、今後もより活発で総合的な活動が求められている。

4　「障がい者制度改革」の成果と課題

これまでの「障がい者制度改革」（第一ステージ）を振り返ると次の九点の成果があげられる。

(1) 障碍者参加による監視制度の創設

障害者基本法改正により障碍当事者参加で施策の監視を行う障害者政策委員会が設置されたことである。従来の「中央障害者施策推進協議会」は政府の障害者基本計画策定の際に意見を述べる役割にとどまっていたが、障害者政策委員会はそれに加えて障害者基本計画について（つまり障碍者政策全般について）「調査審議」し、その実施状況を「監視」し、必要な場合には総理大臣や各大臣に「勧告」する。この「勧告」に基づいて講じた施策について総理大臣等は政策委員会に報告する義務がある。また多様な障碍者の意見が反映されるような委員構成にする配慮を義務づけている。

さらに同様な「調査審議」「監視」の役割と委員構成をもつ合議機関を都道府県・政令市では必置、一般市町村では任意設置とした。

国や自治体が障碍者施策を実施するが、それとは別の機関が評価・監視する制度が（障害者権利条約のモニタリング機関の設置という要請を意識して）設けられたといえる。しかもそこへの多様な障碍当事者の参加も明確に定められた。

従来から設けられてきた類似の委員会と比べ格段に権限と責任が重くなったことを、行政、障碍者団体、関係者が正確に理解して生かしてゆけるかどうかが問われる。

(2) 権利擁護の法制化

「改革」の期間中に、障害者差別解消法の制定、障害者雇用促進法改正による差別禁止と合理的配慮の義務化、そして障害者虐待防止法の制定がなされた。戦後六〇年余の日本の障碍者政策の歴史は、福祉、教育、雇用、所得保障、バリアフリーなどいずれも障碍者に役立つものを提供するタイプの政策（プラスの提供）であり、それなりに発展してきたが、諸外国で一般化してきた権利擁護分野の制度（マイナスの禁止と救済）はほとんど空白であった。逆に障碍を理由とする免許や資格の欠格条項のように、権利侵害の法制度が残され、その見直しが近年進められてきたにとどまる。

一連の改革により、障碍者が地域生活・社会参加に必要な福祉等の支援を受けるだけでなく、障碍者差別をせず必要な合理的配慮を行うことが当然の基本ルールとされる社会がめざされることとなった。

二〇一六年度の障害者差別解消法の施行に向けて、障碍者差別や合理的配慮の定義を明確にし、国民全体の共通理解を広げる課題や、相談・調停の仕組みを設ける課題など、まだ多くの重要課題が残されている。

(3) 障碍者の法的定義の拡大

法律上の障碍者の範囲・定義が狭いために必要な支援が受けられない、いわゆる「谷間の障碍」問題も長年の課題とされてきた。障害者基本法改正では身体障碍、知的障碍、精神障碍に加えて「その他心身の機能の障害」も対象とすることとされた。ここには難病・慢性疾患に伴う障碍も含まれ、どんな種類であれ心身の機能の障碍があり生活上の支障のある人は障碍者としての支援対象であることが国会質疑で確認された。

さらに、障害者総合支援法では新たに一定範囲の難病による障碍者を法対象に加えた。二〇一三年四月より初めて手帳をもたない身体障碍者にも障碍者福祉のサービスを提供することとなった。関節リウマチ、クローン病、サルコイドーシスなど一三〇の難病が政令で指定され、障害程度区分認定調査でも症状の波に配慮することとなった。さらに二〇一四年五月に成立した難病法

らさ調査」の結果と年齢構成・サービス利用

割合(%)			介護保険利用者数(万人)	障碍福祉利用者数(万人)
65歳未満	65歳以上と不詳	合計		
30.6	69.4	100	107.1	86.8
90.0	10.0	100	3.4	32.5
73.8	26.2	100	8.7	20.4
40.7	59.3	100	115.0	122.5
35.6	64.4	100	16.0	32.0
22.0	78.0	100	47.9	0
36.6	63.4	100	178.9	154.5

児・者等実態調査）結果」に基づいて筆者作成。手帳の種別は重複回答
計欄」の数は一致しない。

（難病の患者に対する医療等に関する法律）に伴い、対象疾患を大幅に拡大する予定とされている。

また二〇一三年六月の障害者雇用促進法の改正により、精神障碍者を雇用義務の対象とすることとなった。

こうして「条約」との整合が大きく進んだが、その他の多くの慢性疾患患者や中軽度の聴覚障碍者、知的障碍者、発達障碍者など依然として「谷間の障碍者」は多く、障害者基本法や「条約」の規定に従って分野別実体法の定義を見直す必要がある。

（4）障碍者実態調査の「谷間」の解消

一方、厚生労働省が五年ごとに在宅の身体障碍児者と知的障碍児者を対象に行ってきた実態調査は、すべての在宅の障碍児者を対象とした「生活のしづらさ調査」として二〇一一年に実

表序-6　厚生労働省「2011年生活のしづ

		推計数(万人)		
		65歳未満	65歳以上と不詳	合計
障害手帳あり	身体障碍	118.3	268.0	386.3
	知的障碍	56.0	6.2	62.2
	精神障碍	41.9	14.9	56.8
	合計	195.2	284.0	479.2
障害手帳なし	障碍福祉利用あり	11.4	20.6	32.0
	障碍福祉利用なし・生活のしづらさあり	29.3	103.6	132.9
総計		235.9	408.2	644.1

（出所）「平成23年生活のしづらさなどに関する調査（全国在宅障害
であり合計欄は実人数。このため3つの手帳の所持者の和と「合

施され、二〇一三年に結果報告が出された（表序-6）。

これは二〇一〇年度に厚生労働省が「総合福祉部会」の正副部会長を含む「全国障害児・者実態調査（仮称）に関するワーキンググループ」を立ち上げて検討し、部会でもたびたび報告をしてその意見を取り入れながら実施したものである。二〇一〇年度に行われた試行調査では、部会構成員の「精神障碍を隠して暮らしている人もおり、調査員が来ると聞いただけで病状が悪化しかねない。自殺の危険もある」との強い意見で郵送調査となり、回収率が非常に低くなった。そこで二〇一一年度の本調査ではプライバシーを守りつつ調査拒否できるよう工夫をして訪問調査とした。

すべての障碍者が含まれるように、障害者手

帳がなくても「発達障害のある方、難病、慢性疾患などの長引く病気やけが等により日常生活のしづらさが生じている方」も調査対象とした。調査票の九ページ分を使い、一三の質問で障碍者であるかどうかを丁寧に確認した。

この結果、表序-6のように全体で約六四四万人と推計された。施設入所者約五二万人（うち三二万人は精神科病院入院者）を加えると、日本の障碍者（障碍児を含む）は約六九六万人（人口の約五％）となる。

なお、患者調査の結果から三〇〇万人近い精神科の通院患者がいることがわかっているので、この表の五六・八万人は少なすぎる。また約一七九万人が介護保険の利用者と回答しているが、介護保険統計で約四五〇万人とされる利用者はすべて障碍者（障碍や病気に伴い生活のしづらさがある人）であり、今回はその一部しか把握されなかったといえる。このような要因からＷＨＯ（世界保健機関）が「世界障害白書」で推計する「人口の一五％」の約三分の一にとどまっている。

高齢であり障碍ではない、あるいは病気であり障碍ではない、という古い観念が日本ではまだ根強いと考えられるが、理解の促進を図りつつこの新しい実態調査を継続することが重要である。

また総合福祉部会では、在宅障碍者以上に政府として調査しなければならないのは施設入所者・入院患者ではないかとの意見が出された。しかし厚生労働省は実施のためには事業者の合意と協力が必要であるとした。そこで、日本精神科病院協会や日本知的障害者福祉協会の代表を含む事業者、障碍者団体、学識経験者が二回にわたる意見交換会をもち、このような調査の必要性についておおむね次のように合意した。

「政府として障碍者施設入所者や精神科病院入院患者に対する調査は行うべきである。なおその主目的は障碍当事者の意向や生活実態を知ることとすべきである。また、障碍当事者・家族団体、事業者団体などの理解と協力の下に行うべきである。」

しかしすでに政府予算の概算要求時期は過ぎていたため、二〇一一年度厚生労働科学研究（障害者対策総合研究事業）に「障害者入所施設および精神科病院の入所者・入院者に対する全国実態調査に向けたパイロット研究」（研究代表者：佐藤久夫）として申請し、認められて実施した。この研究では障碍当事者が調査員として参加することの有効性などが確認された。

（5）法律が定める理念の発展

改正障害者基本法では表序－7に見るような理念を掲げている。人間や人権をどう見るか、障碍（者）をどう見るか、目標とする社会をどう描くか、障碍者施策をどう策定するかなどの諸点で、第一章「総則」の目的や基本原則、施策の基本方針などの条文の理念を整理したものがこの表である。

整理の視点としてまず「人間観・人権」という基礎的な区分を設けた。ここでは人間自身の重さ、一人ひとりかけがえのない存在であることの認識がなされ、そのように個人として尊重する

表序-7　改正障害者基本法の理念規定

人間観・人権	個人の尊厳◆
	人格と個性の尊重
	基本的人権
	あらゆる分野の活動に参加する機会の確保◆▲
	選択の機会の確保（生活の場，意思疎通手段）
社会観・障碍（者）観	共生社会
	障碍のない市民との平等
	差別の禁止◆
	社会的障壁の除去
施策の基本	総合的・計画的な推進◆
	生活の実態に応じた施策の策定と実施
	障碍者の意見を尊重した施策の策定と実施

◆：　改正前にもあった規定。
▲：　「機会の確保」は改正前は「機会が与えられる」。

ことは憲法が保障する基本的人権を享有する存在であることを改めて確認することであるとし、その基本的人権の保障とは、とくに社会参加と選択の権利の保障であるとしている。

この「人間観・人権」をふまえつつ、そうした尊厳と権利を保障できる社会はどうあるべきか、その社会での障碍者の位置はどうあるべきかが、次の「社会観・障碍（者）観」の区分で書かれている。社会観と障碍者観とは（本来的にはかなり異なる概念であるが）実際には強く関連していると思われる。「条約」が示す、障碍のある人もない人もそれぞれが価値ある存在とされる共生社会（インクルーシブな、包容的な社会）がめざされ、そのために平等、差別禁止、障壁除去の三つが手段として位置づけられているようである。

こうした基本的な思想に基づいた、第三の区分である障碍者施策のあり方として、一九九三年改正以来の「総合的・計画的推進」に加えて、今回の改正で生活実態の重視と障碍者の意見の尊重が規定された。この二点は従来もそれなりに配慮はされてきたが、障害者基本法に明記されたのは初めてである。

このように、多くの新しい理念、とくに基本的人権、選択の機会、共生社会、社会的障壁の除去、施策への生活実態の反映や障碍者の意見の反映、などが取り入れられている。

なお、「改革」ではこれまでに障害者基本法以外にもいくつかの法制度の制定や改正がなされた。それらの法律にも理念や目的の規定はある。障害者総合支援法では新たに理念条文が設けられたが、上記の障害者基本法の規定を組み合わせたものであり、障害者差別解消法でも同様である。

以上のように「条約」の理念の方向への大きな改善が障害者基本法改正でなされ、障害者総合支援法などにも採用された。しかし平等な社会参加のために「必要な支援を権利として保障する」という規定は避けられている。障碍者の権利と国・自治体の提供義務を明記することが今後の課題とされる。

(6)「社会モデル(的見方)」の採用

障碍の見方(障碍をどう見るか)は、政策や支援活動のあり方に影響し、地域での日常の付き合い方をも左右する。この点で、障碍者の不利益は個人の心身機能や能力の障碍によるもので、治療やリハビリで解決すべきとする「医学モデル」と、社会環境のバリアーが(バリアーも関与して)その不利益を生み出しているので環境改善が重要とする「社会モデル」との、二つの見方が存在するとされている。

「障碍の社会モデル的見方」は前項の諸理念の一つに含まれるともいえるが、それら諸理念のほとんどに強い影響を与えている基盤的な考え方であり、かつ障碍者の定義やその他の実際的な条文にも大きな基礎となるものといえるので、独立した項目として取り上げた。ただしどの法律の条文にも「社会モデル」という言葉はない。

この「社会モデル(的見方)」には、障碍者の生活の困難はもっぱら環境の障壁によって生み出されているとするいわば「純粋社会モデル」と、それは障碍者の機能障碍と環境の障壁との相互作用によって生み出されているとする、いわば(医学モデルと社会モデルの)「統合モデル」とがあり、人によってどの意味で「社会モデル(的見方)」という言葉を用いているか注意が必要である。後者の「統合モデル」はWHOが二〇〇一年に採択した国際生活機能分類(ICF)のモデルで、「条約」の前文(e)や第一条(目的)に反映されている。(3)

この「社会モデル（的見方）」、とくに後者のモデルが「改革」を通じて法制度に反映された。その例としては、

①障害者基本法第二条の「障害者の定義」の改正（「機能障害により生活に制限を受ける者」から「機能障害及び社会的障壁により生活に制限を受ける者」へ）、

②同法第一〇条（施策の基本方針）での、障碍者施策の策定と実施に際してふまえるべき要素の追加（「障害者の年齢及び障害の状態」に「性別と生活の実態」を加えた）、

③障害者総合支援法で新設された第一条の二（基本理念）で「社会参加の機会」「どこで誰と生活するかについての選択の機会」「社会的障壁の除去」が規定され、

④相談支援やサービス提供を規定した第四二条と第五一条の二二では「常に障害者の立場に立って支援を行う」ことが規定され、

（3）　障害者権利条約二〇一四年一月公定訳　前文（e）「障害が発展する概念であることを認め、また、障害が、機能障害を有する者とこれらの者に対する態度及び環境による障壁との間の相互作用であって、これらの者が他の者との平等を基礎として社会に完全かつ効果的に参加することを妨げるものによって生ずることを認め、」

第一条（目的）後段「障害者には、長期的な身体的、精神的、知的又は感覚的な機能障害であって、様々な障壁との相互作用により他の者との平等を基礎として社会に完全かつ効果的に参加することを妨げ得るものを有する者を含む。」

図序-2 「医学モデル」から「社会モデル（的見方）」への転換の影響

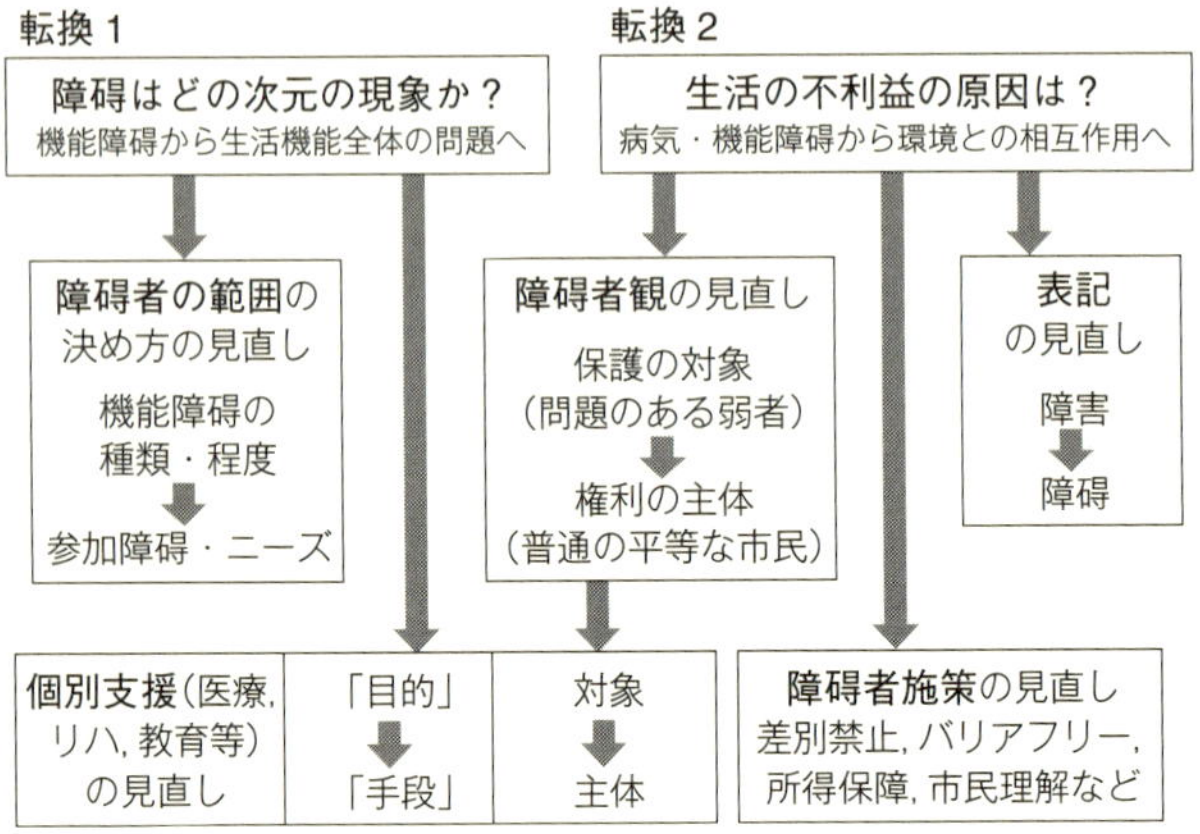

⑤第七七条（市町村の地域生活支援事業）に「障害者理解を深めるための啓発事業」が追加され、⑥第八八条（市町村の障害福祉計画）では「障害者の置かれている環境その他の事情を把握した上で」計画を策定することとされた。また、⑦障害者差別解消法や障害者虐待防止法の制定自体もこのような「社会モデル（的見方）」の反映といえる。

この「社会モデル（的見方）」は、法制度の改革にとどまらないより広い影響をもたらすものである（図序-2参照）。この見方では生活上の不利益が医学的な障碍（だけ）でなく社会的障壁によって生まれていると見る。その前提として「障碍」をどのような次元の現象と見るかに関して、「医学モデル」との大きな違いがある。「医学モデル」では、「障碍」を失明、下肢マヒ、記憶障碍、知的機能障碍などの医学的レベルでとらえている。「社会モデル（的見方）」では、「障碍」を医学的なレベルだけではなく生活上の不利益を含めた総合的なものと見る（ＩＣＦ）か、医学的な障碍（impairment）ではなく生活上の不利益（disability）と見る（「条約」）かの違いはあるものの、「障碍」現象の理解が大きく異なっている。このように「障碍」をどの次元でとらえるかの違いも（社会的障壁の関与の有無に関する理解の違いだけでなく）障碍者政策や支援活動に大きく影響するので、この図では明確に位置づけた。なおこの図では「社会モデル（的見方）」として「統合モデル」（とくにＩＣＦのもの）を使った。

まず、「障碍」の次元を生活機能全体のことと理解すると、機能障碍以上に参加の障碍（生活の不利益）や支援のニーズ（必要性）が注目され、支援対象の概念が変わり、対象が拡大する（機能障碍があってもニーズのない人は対象から外れることもあるが）。リハビリテーションなどの個別支援活動では「手足がマヒしているから訓練する」のではなく、本人の生活目標を達成するための手段としてのリハビリテーションとなる。

一方、社会的障壁が不利益の大きな要因と理解されると、障壁のせいで困っている普通の市民として障碍者を見るようになる。たしかに三〇年前には、障碍者が駅・電車を使えないのは、たとえば「下肢マヒが問題」である、などと一般に考えられていたと思われるが、今日では「駅にエスカレーター・エレベーターがないことが問題」だと考えられるようになった。かつては障碍者の交通問題という概念がほとんどなかった（下肢マヒ者が駅を使えないという事態そのものが社会問題として認識されることがほとんどなかった）と思われる。

こうして障碍者が普通の市民、権利の主体と認識されると、個別支援の進め方も変わる。障碍者本人が生活目標を定め、リハビリテーションなどの支援はその「手段」の一つとされるようになる。専門職（先生）が障碍者（生徒）を従わせる構図が、障碍者（主体）が専門職（協力者）の支援を受けつつ目標達成に向かう構図に変わる。

さらに当然のことながら、障碍者政策の全体の構成も個人の力を強めるリハビリテーションアプローチ（医学モデル）偏重を脱し、差別禁止やバリアフリー、所得保障など環境改善のためのノーマライゼイションアプローチ（社会モデル）が補強され、総合的にバランスのとれた政策となる。

なお、このような障碍への見方の大きな転換は「障碍」という言葉・表記の転換を伴うことによって、より明確に国民の間に広がる。「改革」では、とくに「推進会議第二次意見」でこの「障害の表記」問題の継続的な検討を促しており、とくに「条約」の批准がなされた「第二ステージ」でのその本格的な検討が望まれる（本章補論参照）。

（7）障害者権利条約の批准

二〇一四年一月の「条約」の批准によって、わが国はより強力な障碍者の基本法を得たことになる。一般にわが国の「基本法」は、憲法と実体法の間にあって実体法のあり方の基本を示す理念法とされ、批准された国際条約は一般の法律の上に位置づけられる（憲法第九八条）ので、「条約」は障害者基本法と憲法の間に位置づけられる。

法体系上の位置以上に重要なのは内容である。障害者基本法が主に国・自治体の『障害者施策のあり方』を示しているのに対して、「条約」は、教育、労働、スポーツ、移動、地域生活など各領域で障碍者が非障碍者と平等に生活する（権利がある）ことをゴール（目標）としたうえで、加盟国政府がそのゴールを達成するために取るべき対策を示している。主にインプット（施策）を示す障害者基本法より、アウトカム（目標、結果、障碍者の生活）とインプットの両方を示す「条約」、しかも障碍者の権利と政府の義務を明確にしている「条約」のほうが、より強力で総合的な基本法といえる。

「条約」のもう一つの強みは国際的な検証の仕組みに参入し、活用できるという点である。政府は批准後二年以内に、その後は四年ごとに国連の「障害者権利委員会」に「条約」の実施状況の報告をすることとなり、障碍者団体など民間サイドからもカウンターレポートを提出することができる。国連はこれらを吟味してより詳しい報告を求めたり、施策改善の勧告を日本政府に出すことができる。

このように期待のもてる「武器」を日本の障碍者と障碍者団体は手にしたといえるが、それをどのように生かすことができるかはまだ不明である。児童や女性などの分野で先行して批准した権利条約があるが、これらが充分生かせているかどうかも検証して学び、諸外国の経験にも学びつつ、着実に活用することが期待される。

(8) 五つの提言文書——障碍者政策の羅針盤

表序-1「『障がい者制度改革』の政策提言一覧」の五つの文書が指し示した内容は、すでに法制度として実現した部分もあるものの、今後の課題として残された部分も多い。もともと「条約」と整合する国内制度にするための諸提言であり、その批准がなされた二〇一四年以降は残された課題の実現そのものが「条約」の履行の重要な要素であり、国連への政府報告の重要な要素となる。

これらの文書は、政府の審議機関によるものであり、政府の正式な依頼に基づいて作成された。その依頼内容も「条約」との整合性を確保する基本方向が示され、その具体化を求めたものであった。その作成過程は、障碍者・家族、事業者、自治体、学識経験者など、考えられるあらゆる関係者の代表が参加し、構成員自身が実質的に内容を作成したもので、かつ障碍者の意見を尊重しつつ、また情報保障や公開性を徹底しつつ進められた。このため政権交代などに影響されにくい今後の日本の障碍者政策の羅針盤となったといえよう。

まず推進会議「第一次意見」は「改革」の理念と方向性をトータルに示している。一一の政策分野についての具体的提言の部分では、各分野ごとの「推進会議の問題認識」で問題点と評価の視点を学ぶことができる。

推進会議「第二次意見」は障害者基本法改正への提言で、「推進会議の問題認識」の部分と「政府に求める事項に関する意見」の部分がある。後者は各担当省庁との調整の結果であり、ほぼそのまま障害者基本法改正に反映されたが、前者はより高い水準の改革を求め、その改革の必要性を説明している部分である。また「障害の表記」の検討経過についても詳しく紹介されており、社会モデル的観点での障碍理解を表す表記が望ましい点での一致が見られたものの、その表記が現行の「障害」であるとする意見と「障碍」であるとする意見とが対立し、継続的な検討課題とされたことが示されている。

「骨格提言」は、本書の第1章で詳しく紹介するが、地域生活と社会参加に必要な福祉サービスを、支援を必要とするすべての障碍者が権利として利用することができる制度（障害者総合福祉法）を提案している。これは「条約」（とくに第一九条）の履行とともに、政府が約束した後述の「基本合意文書」の履行に必要なものである。

「『障害を理由とする差別の禁止に関する法制』についての差別禁止部会の意見」では、非常に緻密な法律学的な整理がなされており、障害者差別の概念や類型、各分野での差別や合理的配慮の特徴や具体例、地域における相談・救済機関のあり方などが提言されている。障害者差別解消法は今後の見直し・改善によって結局はこの「意見」に帰結せざるをえないのではないかと思われる。

「新『障害者基本計画』に関する障害者政策委員会の意見」は「推進会議」が「障害者政策委員会」に衣替えした後の最初の文書である。基本理念・原則・視点などの総論部分やデータに基づく評価などの「推進体制」の部分では委員会の議論がある程度反映されたものの、分野別施策の各論部分では、「委員会で出された意見」と「新基本計画に盛り込むべき事項」(各省庁との協議を経たもの)と二〇一三年九月に発表された「新基本計画」の三者の間には大きな落差がある。政策委員会の「意見」をふまえて進捗状況の評価がなされることが期待される。

そして、「改革」自体の成果物とは言えないが、「障害者自立支援法違憲訴訟原告団・弁護団と国(厚生労働省)との基本合意文書」(二〇一〇年一月七日)もきわめて重要な今後の羅針盤である。これは、全国一四の地方裁判所に提訴した七一人の原告が、政府が文書で約束したのだから信用しようと裁判の取り下げと引き替えた和解文書であり、地方裁判所も政府の誠実な履行を信じ、この和解で原告の利益が守られると判断したから承認したものである。したがって単に羅針盤であるというだけではなく、上記五提言以上に重い文書である。とくに障害者自立支援法の廃止と憲法に基づく基本的人権の行使を支援する新たな総合的福祉法制の実施は、まだ履行されていない。

（9）障碍者団体の連携の発展

異なる障碍種別の当事者・家族の団体の協力が全国レベルでも地方レベルでも進んできた。とくに地方での事業者団体をも含めた障碍者関係団体の連携が、各地での障害者差別禁止条例や、二二四の地方議会からの「骨格提言を尊重した障害者福祉法を」という意見書（地方自治法第九九条に基づくもの）などを生み出してきた。

差別禁止条例づくりにおいては、二〇〇六年の千葉県と二〇〇九年の北海道が先行していたが、「改革」期間にはいると二〇一〇年岩手県、二〇一一年さいたま市、熊本県、八王子市、二〇一三年長崎県、沖縄県と広がってきた[4]。さらに二〇一四年までに茨城県と鹿児島県、京都府、別府市で採択された。

この取り組みを、たとえば熊本県に見ると、難病まで含む障碍当事者団体、家族団体、施設協議会など二四の団体が二〇〇九年に「障害者差別禁止条例を作る会」を設け、県と協議を重ね二〇一一年に条例が成立、さらに二〇一二年にはその会を熊本県障害フォーラム（ＫＤＦ）として恒常的なものとした。

障害者総合福祉法を求める地方議会の意見書は、「骨格提言」が出された二〇一一年の年末か

（4）　障害保健福祉研究情報システム（ＤＩＮＦ）「国内外の障害者差別禁止法・条例」http://www.dinf.ne.jp/doc/japanese/law/anti/index.html

ら二〇一二年秋まで一五都道府県、八政令市、二〇一市町村の合計二二四自治体に広がった(5)。

この取り組みでも障碍者団体の連携が重要な役割を果たした。たとえば、岩手県議会議長から衆院議長等宛「障がい者制度改革推進会議総合福祉部会の提言を尊重した障害者総合福祉法（仮称）の制定・実施を求める意見書」（平成二三年一二月一三日）は、岩手県内の八つの障碍関係主要団体の共同の請願に応えたものであった。それは身体障害者福祉協会、手をつなぐ育成会、難病・疾病団体連絡協議会、精神保健福祉連合会、脊髄損傷者連合会、重症心身障害児（者）を守る会、社会福祉協議会障がい者福祉協議会、きょうされん（いずれも県段階の支部や機関）である。多様な団体の一致した要請を議員が党派を超えて応援したのである。

「改革」は当初期待されたものよりトーンダウンしたことは事実である。「骨格提言」や「差別禁止部会の意見」と比較すると、制定された法律は相当な落差がある。しかしこれまで見てきた九項目に示されるように従来の制度との比較では大きな発展も見られ、障碍当事者参加のもとでの今後の見直しも約束されている。

「制度改革」の第二ステージは「条約」の実行が政府の義務とされる段階である。これまでの改革は「条約」との整合をめざしたものであったが、今後は法的拘束力をもつ「条約」に基づく義務として、かつ国際的な監視システムのもとで進められる改革となった。「骨格提言」や「差別禁止部会の意見」等の諸提言は、「条約」に整合する制度のあり方を多様な関係者が協議して合意したものであり、その実現は歴史的に不可避である。これらを「羅針盤」「到達目標」として追求してゆくことが期待される。

（5）　日本障害フォーラム（ＪＤＦ）「障害者総合福祉法を求める地方議会意見書採択状況」http://www.normanet.ne.jp/~jdf/sougou/index.html

補論　「障害の表記」の問題

■「推進会議」での検討経過

東京都多摩市が「障がい」の使用を始めたのは二〇〇一年であった。この動きは全国に広がり、今日では北海道、大阪府、熊本県など一一の道府県、三つの政令市、多数の市町村がこの表記を採用している。民間団体や企業でも「障がい」の使用が増えている。

これは害悪や害虫の害を使って呼ばれたくないとの障碍当事者の意向をふまえたものである。しかしこれに対しては「問題を曖昧にするだけだ」「バカにするな」などの批判もある。

一方、「近年、国会においても『障碍』や『障がい』等の表記を挙げて、『障害』の表記の在り方に関する議論が度々なされて」いる(6)。

また、「障碍」は、自治体では採用されていない（ただし、採用したいので「碍」を常用漢字に加えてほしいとの要望が多く出されている）が、民間団体では古くから障碍者団体である全国青い芝の会をはじめ、壱岐日々新聞社、京都福祉新聞、日本ＩＢＭ、日本マイクロソフト、コクヨなどの企業でも採用されている(7)。

こうした中で二〇〇九年一二月に設置された「障がい者制度改革推進本部」は、「障がい」の表記を使い注目を浴びた。これは当時の鳩山総理の強い意向によるとされている。そして一二月八日の閣議決定「障がい者制度改革推進本部の設置について」では「本部」の目的を次のように定め、この点を特記した。

「本部は、当面五年間を障害者の制度に係る改革の集中期間と位置付け、改革の推進に関する総合調整、改革推進の基本的な方針の案の作成及び推進並びに法令等における『障害』の表記の在り方に関する検討等を行う。」

「推進会議」は、「推進会議」自体でも議論するとともに、この点に関する論点整理を課題として二〇一〇年八月から五名の「推進会議」構成員からなる作業チームを設けた。作業チームは関係者のヒアリングを含めて六回の会議を集中的に開いて議論した。

この作業チームでの検討資料とするため、内閣府は二〇一〇年九月一〇日より三〇日まで、インターネットを利用して「『障害』の表記についての意見募集」を行った。意見を寄せた総人数は六四七人で、「その内訳は、『障害』を支持する意見が約四割、『障碍』を支持する意見が約四割、『障がい』又は『しょうがい』を支持する意見が約一割、その他独自の表記を提案する意見

（6）　障がい者制度改革推進会議「障害者制度改革の推進のための第二次意見」二〇一〇年一二月一七日

（7）　豊田徳治郎「tokujirou の日記 2013-05-24『障碍』表記の普及状況（5）」http://d.hatena.ne.jp/tokujirou/20130524/

表序-8　「障害」の表記に関する2010年意見募集の結果概要

	主な支持理由	主な否定的意見
障害（者）	・社会モデルの観点からは，「障害」がふさわしい。 ・表記や呼称を変更したとしても，いずれ同じ議論を繰り返すことになる。 ・表記の問題よりも，障害者を取り巻く差別と偏見を取り除くことが先決。 ・イメージでの議論が先行しすぎている。 ・広く普及している現状がある。	・「害」の字には，「公害」，「害虫」，「加害」等の負のイメージがある。
障碍（者）	・社会モデルの観点からは，「障碍」がふさわしい。 ・表記を変えることにより，一般国民の意識が改善されることが期待される。 ・「害」の字には負の意味が入っているが，「碍」の字は価値中立的である。	・知的障害のある者等にとって，表記の変更は混乱を招く。 ・表記を変更しても「障」＝「さわり」，「碍」＝さまたげであって、漢字の持つ負のイメージに変わりはない。
障がい（者），しょうがい（者）	・柔らかい印象があり，点字を利用している人でも書くことができる。 ・移行期間という認識の下で，ひらがな表記が望ましい。	・平仮名では実体が見えず障害の社会性を曖昧にする。 ・日本語として不自然。

（出所）「障がい者制度改革推進会議 第26回（2010.11.22）資料2「障害」の表記に関する作業チーム報告」（2010）より筆者作成。「作業チーム報告」の内容をそのまま表形式にしたもので，取捨選択はしていない。

等が約一割であった」と報告され、それぞれの主な理由が簡単に紹介されている。(8) それぞれの主な理由を表序-8のようにまとめた。

この意見募集の結果から、①国民的な意向は「障害」のままとするか「障碍」に変えるかのどちらかであり、「障がい」は選択肢にない、②「障害」支持者の中にも「障碍」支持者の中にも社会モデルの観点からという支持理由の者がいる、の二点が読み取れる。

ヒアリングの中でも、同じ社会モデルの観点から「障害」がよいという意見と「障碍」がよいという意見とが出され、結局は作業チームでも合意する方向は得られなかった。

■「推進会議」の当面の結論

二〇一〇年一一月二二日の第二六回「推進会議」で作業チーム報告を行った。これをふまえて一二月一七日の第二九回「推進会議」でまとめられた「第二次意見」に「『障害』の表記」という見出しで検討結果が次のように記述された（出所は注6に同じ）。

「法令等における『障害』の表記のあり方については、当面、現状の『障害』を用いることとし、今後、制度改革の集中期間内を目途に一定の結論を得ることを目指すべきである。」

（8）「障害」の表記に関する作業チーム「『障害』の表記に関する検討結果について」第二六回障がい者制度改革推進会議資料二、二〇一〇年一一月二二日

なお今後の検討にあたっては①当事者の希望に配慮すべきこと、②障害者権利条約の障害の考え方などとの整合性に配慮すべきこと、③各種シンポジウムや障害者週間等の啓発事業を通じて多様な意見を国民に広く紹介し議論を喚起すべきこと、④各表記の普及状況を注視すべきこと、⑤「碍」を常用漢字に追加するよう提言することの適否について検討すべきであること、⑥国会における議論の動向も注視すべきであること、等が提起された。

⑤の「碍」の常用漢字化については、次のようにまとめられた。

「なお、表現の多様性を確保する観点から自治体等が『障碍』という表記を使いやすくするべきとの意見もあり、『碍』を常用漢字に追加するよう提言することの適否について、併せて検討すべきである。」

この「第二次意見」は二〇一〇年一二月に提出されたが、その後「推進会議」でも障害者政策委員会でもこの「表記問題」について議論されることはなく、各表記の普及状況についての調査もなされずに今日に至っている。

■「意見募集」に寄せられた意見の分析

筆者は、「推進会議」構成員でありこの作業チームのメンバーの一人でもあったので、「意見募集」に寄せられた意見のすべてを読む機会に恵まれた。詳細に読むほどに、なぜある表記が望ましいのかの一つひとつの理由の多様性や考察の深さに感銘を受けた。障碍当事者の体験、漢字や歴史の知識、漢字圏の国々の動向、などに学ぶ面が多く、他方では表記を変えることへの過度の期待への警鐘にも説得力が感じられた。「『障害』の表記」問題は、実は障碍者の生活の具体的な現実とも、基本的な理念・思想とも関係する根本的な問題でもあることを改めて教えられた。

このように非常に貴重な資料であるので公開されるものと思っていたところ、公表すると断ったうえでの意見募集ではなかったことから公開はしない方針であると知った。そこで、数人の若手研究者等の協力を得て、寄せられた項目の中から所属団体、障碍種別、年齢、性別は除き、「望ましい表記」と「その理由」の部分を分類・集計し、個別意見もできるだけ紹介することとした共同論文を作成して公表した(9)。表序-9、10、11はその論文の表の再掲である。

まず表序-9のように、望ましい表記につ

表序-9　「障害」の表記についての意見募集結果

望ましい表記	人数
障害	238
障碍	233
障礙	4
障がい	63
障害，または障碍	11
障碍，または障がい	5
障害，または障がい	1
障害，障碍，障がい	1
その他	76
記入無し	15
計	647

(9)　佐藤久夫・杉本泰平・越智あゆみ・豊田徳治郎・筒井澄栄、二〇一二「『障害』の表記に関する意見の内容と理由——二〇一〇年内閣府の意見募集結果から」『障害者問題研究』三九(四)、八八-九四

表序-10 「障害」の表記が望ましいとする理由

No	支持理由	回答者数
1	平仮名，漢字と平仮名の交ぜ書き表記は疑問・不便である。	56
2	表記の変更を求めるのは，自身に差別・偏見があるからだと思う。	48
3	言葉狩り・言葉遊び・文化破壊はやめるべき。元の漢字や意味を大事にすべき。	40
4	他にやるべきことがある。他に大事なことがある。	32
5	表記を変えても障害は無くならない。実態・社会・意識は変わらない。無意味。	30
6	表記を変える理由が解らない。必要性がない。	27
7	コスト面で疑問。税金を使わないで欲しい。	26
8	表記を変えても元々の意味・読み方・イメージは変わらない。	25
9	表記を変えることよりも社会・人々の意識を変え差別・偏見を取り除くことが重要。	25
10	「害」の意味に問題はない。「障害」「害」の字に違和感はない。	20
11	「障害」は社会にある。「障害」は社会モデルによる意味である。	18
12	「碍」の字が疑問・不便。	16
13	まず障害者の疑問・意向を踏まえるべき。	16
14	障害，障がい，障碍，しょうがいの表記よりも別の表記・呼称を考えた方がよいと思う。	15
15	「障害」は定着しているので変える必要はない。	11
16	表記を変えても，いずれ「イメージが悪い」という意見が出てまた変えることになる。	11
17	障害者達は「障害」の表記を気にしていないので，そのままでよい。	10
18	「障害」とは障害を持った人の意味である。	10
19	「障害」の字義・熟語としては問題はない。「害」の字だけを問題視するのはおかしい。	10

20	表記について議論することは無意味だと思う。意見募集は無意味だと思う。	8
21	今まで通りで良いと思う。そのままで問題ないと思う。	6
22	障害者への過剰な気配り・配慮は差別と思う。	6
23	差別するのは，表記ではなく，人々の意識だと思う。	6
24	「障害」は何らかのハンディを示す言葉なので，変える必要はない。	5
25	「障害」は心身機能の特徴を示しているのでそのままでよい。	5
26	「障害」は自分自身が害を受けている意味なのでそのままでよい。	5
27	表記を変更するメリットはない。	4
28	せっかく定着した表記を変更することは混乱に繋がるのでやめた方がよい。	4
29	日本語，漢字，文化を大事にして欲しい。	4
30	表記を変えても堂々巡りになるのでやめた方がよい。	3
31	戦前は「障碍」と「障害」両方使われていた。	3
32	「障害」は，障害者が社会生活上で直面する障壁のことである。	3
33	表記やその使い方についての十分な検討，議論を求めたい。	3
34	字面で物事を考えるのではなく，本質も含めて考える必要があると思う。	3
35	その他	27
合　計(のべ人数)		541

いての意見は上記でふれたとおり「障害」と「障碍」に集中していた。なお「礙」は「碍」の本字である。

表序－10は「障害」（のまま）が望ましいとする二三八人の意見で，合計五四一件の理由を区分した。表序－11は「障碍」が望ましいとする二三二人の意見で，合計四七五件の理由を区分した。いずれも三件以上の埋由のみを紹介した。なお「意見募

表序-11　「障碍」の表記が望ましいとする理由

No	支持理由	回答者数
1	「害」の字が問題。「害」の字は否定的なイメージを与える。	142
2	「碍」の字は，妨げの疑いのあるという意味である。「碍」は漢字・文字の意味として適切。	81
3	平仮名表記，漢字と平仮名の交ぜ書き表記は解りにくいと思う。疑問・不便である。	68
4	「碍」を常用漢字に追加すべき。「碍」の使用機会を与えるためにも常用漢字化すべき。	24
5	昔は「碍」の字が使われていたため，元の字に戻すべき。	23
6	国際的・漢字文化圏では「障碍」が通用する。	11
7	漢字の良さを尊重したい。日本語として正しく用いられることを希望する。使い方次第。	10
8	「害」の字は当事者の尊厳を損なう。人権侵害にあたる。「害」を使用することは差別である。	9
9	国際条約及び国内法令の公用語，公文書，医術・宗教・教育上の用語では「障碍」がよい。	9
10	「碍」の字は社会の人々の意識を変える，理解を促す意味でもよいと思う。	9
11	「碍」の当て字に「害」が使われていたため，元に戻すべき。	8
12	歴史的に見ても，当用漢字の制定の時から誤用があるので，この機会に正すべきである。	7
13	障害，障がい，障碍，しょうがいの表記よりも別の表記・呼称を考えた方がよいと思う。	7
14	心身面での傷害を障害，日常生活上の困難を障碍とするべきである。	7
15	社会モデルの視点から「障碍」が適している。	6
16	個人的な感想。	6
17	「碍」が常用漢字に不採用となった理由には納得していない。	5
18	「碍」を使うのがよい。「碍」を使って欲しい。	4

19	まず障害者の意見・意向を踏まえるべき。広く意見を求めるべき。	4
20	障害は社会にある。	3
21	表記を変えるだけでなく，意識を変える必要がある。そうしないと言葉狩りになる。	3
22	表記を変えても仕方がない。本質は変わらないと思う。言葉狩りだと思う。	3
23	政治的理由や，場当たり的に表記を決定・変更せず，しっかり意味を吟味して決めるべき。	3
24	その他	23
合　計（のべ人数）		475

集」では「望ましい表記は何か」を尋ね、その後に「その理由」を尋ねており、一見矛盾すると思われる回答もあったが、そのまま採用した。

「障害」支持も「障碍」支持もいずれも、「障害」または「障碍」自体が適切である、あるいはその表記が伝える意味が適切であるという理由（いわば積極支持）ばかりではないことに注目される。たとえば「障害」支持の五四一件中積極支持は一一七件（二一・六％。10、11、15、17、18、19、21、24、25、26、28、32、および「その他」のうち一〇件）、消極支持は四二四件（七八・四％）である。なお、表序-10、11の「その他」は回答文に戻って区分した。

積極支持の代表的な例は「『害』の意味に問題はない」「『障害』は社会モデルによる意味である」「『障害』は定着しているので変える必要はない」「『障害』とは障害を持った人の意味である」「『障害』は心身機能の特徴を示しているのでそのままでよい」「『障害』は自分自身が害を受けている意味

なのでそのままでよい」などである。消極支持の代表的な例は「平仮名、漢字と平仮名の交ぜ書き表記は疑問・不便である」「言葉狩り・言葉遊びはやめるべき」「表記を変えても障害は無くならない」「表記を変えることよりも社会・人々の意識を変えることが重要」「『碍』の字が疑問・不便」などである。

「障碍」支持の四七五件中積極支持は二一七件（四五・七％。2、4、5、6、7、9、10、11、12、14、15、17、18、20、および「その他」のうち一〇件）、消極支持は二五八件（五四・三％）である。「障害」より積極支持の割合はかなり高いが過半数には届かない。

ただし、それぞれの支持者数を分母にして計算すると別の傾向も見られる。すなわち、「障害」支持者二三八人が回答した積極支持理由件数は一一七件で、一人あたり〇・四九件にあたる。一方「障碍」支持者二三三人が回答した積極支持理由件数は二一七件で、一人あたり〇・九三件にあたる。一人で二つ以上の積極支持理由を回答したケースもあるので、それぞれの支持者の中の積極支持者の割合を正確に見るには再集計が必要となるが、「障害」支持者には消極支持者が多く、「障碍」支持者には積極支持者が多いといえる。

「障碍」の積極支持の代表的な例は、「『碍』の字は、妨げという意味である。『碍』は漢字・文字の意味として適切」「国際的・漢字文化圏では『障碍』が通用する」「『碍』の字は社会の人々の意識を変える、理解を促す意味でもよいと思う」「社会モデルの視点から『障碍』が適している」、消極支持の代表的な例は「『害』の字が問題。『害』の字は否定的なイメージを与える」「平仮名表記、漢字と平仮名の交ぜ書き表記は解りにくいと思う」「『害』の字は当事者の尊厳を損なう。人権侵害にあたる。『害』を使用することは差別である」などである。

注目されるのは、「障害」支持の中で、正反対の理由で支持している面が見られたことである。心身機能の特徴を示しているので適切だとする人、生活のハンディを示す用語なので適切という人、さらに社会にある障害（障壁）を示す用語なので適切という人がいるのである。異なる意味で一つの言葉を使うことはあるが、一般的には文脈で区別することができる。たとえば「政治的」という言葉は否定的な意味にも中立的な意味にも使われる。しかし、「障害」という言葉は、（障碍者問題や障碍者福祉の文脈では）単一の意味で使っていると誰しも考えている。そこに異なる意味が、まして対立的な意味が含まれているとは考えない。したがって気づかずに同じ言葉で異なる概念をやりとりしている危険性がある。

この点は、今回の意見募集で一人も指摘していないが、寄せられた意見を分類整理してみてはじめて気づかされた点である。これは「障害」という表記がすでに言語としての機能を失っていることを示しているのではないか。実際、「我々が悪だ、害だと思わせるような『障害』という表記はやめてほしい」、という障碍当事者の声が自治体などでの「障がい」の使用の理由であった。他方「意見募集」に寄せられたように「我々は被害者であるので、障害・障害者という表記が適切である」との声も多く、作業チームのヒアリングでも報告された。

しかし、「障害」は意味・含意の問題とともに、統一的な文脈で使用されておらず、意思疎通の手段としての言語機能が失われている問題にも注目すべきであろう。

いずれにせよ、この意見募集に寄せられた六四七人の意見は深い考察や障碍者自身の体験が反映されたものが多く、多様な視点が提供されているので、今後の議論に際して前述の論文は資料的価値があると思われる。

■筆者の意見

筆者は「障碍」がよいと考え、本書でもこれを使っている。

「碍」は旅人が道をふさぐ大きな石の前で考え込んでいる姿であり「障壁」を意味する。障害者権利条約の障碍・障碍者の概念は、本人のもつ心身機能の障碍よりもむしろ環境の障壁が問題だと見る。障碍者とは環境の障壁に直面している人である。「障碍者」の表記はこのことを端的に示す。中国、台湾、韓国という漢字圏の国では「障碍」が使われている。「害」は「害虫」、「害悪」などそのものが悪いという意味で、多くの障碍者が「自分が悪いかのように言わないでほしい」という。そして前述のように異なる意味で、ほとんど逆の意味で使われている面があり、言葉としての機能に問題がある。

筆者の所属する日本社会事業大学では受験生向けのパンフレットなどでは次のように説明して「障がい」を使うこととした。これは「障碍」が望ましいが、常用漢字になっていないことや受験生（高校生）にはなじみにくいことから「障がい」を使うものの、その意味・概念は「障碍」であり、環境の障壁を取り除く努力が障碍者福祉であるとしている。

日本社会事業大学　二〇一三年二月一四日教授会　確認（大学案内等での表現について）

心身の機能に制約のあることを、ここでは『障がい』があるという表し方をしています（注）。これは、『障碍（がい）』という言葉を、『碍』の字（『礙』が本字）が常用漢字でないことから、ひらがなで書いているものです。『礙（がい）』の字は、『石の前でためらい足を止めている（石＋疑）』という漢字だそうです。『障』の字は、障子（しょうじ）に使われていることからも想像されるように、衝立（ついたて）で止めることだそうです。石や衝立というバリアを動かし、共に動けるような環境を整えることこそが、障がいのある方を支援する際の基本的な理念だと本学では考えています。

（注）ただし、法律の名前（障害者基本法など）や、法に基づく施設名や固有名詞（障害者支援センターなど）は元の漢字を変えずに表記しています。

■「障害の表記」をめぐる今後の課題

多様な価値観の時代、どんな課題であっても一つの方向に合意形成を図るのは容易ではない。「障害」の表記の検討にあたっては三つの点に留意すべきと思われる。

一つは、白紙状態で議論するのではなく基軸となる視点や方向性を関係者が共有することである。二〇一一年には障害者基本法改正で「社会的障壁」を含めた新しい障碍者の定義が採用され、さらに二〇一四年の障害者権利条約の批准によって障碍と障碍者の新しい考え方が法制度の基本とされた。こうした考え方を適切に反映し表現する用語・表記が求められる。

二つ目は、実際にどの表記が人々（障碍当事者、団体、自治体、企業、マスコミ等）に好まれつつあるかをモニターすることである。その前提として「碍」を常用漢字に加え、自治体などで「障碍」も選択肢として使えるようにすべきである。改革の集中期間はすでに過ぎているのであるから、急いで表現の自由を実質的に確保し関係者・機関の選択の動向を見るべきである。

「統合失調症」「認知症」などの表記の変更は、もちろん変更によって問題が解決されたわけではないが、国民理解の改善に一定の効果を生んでいることは誰しも認めるところであろう。「障碍」の場合は「まだ常用漢字でない」という特別の困難があるが、表記を変え、医学モデルから社会モデル的なものに国民全体の障碍者理解を変えてゆくことの意義は非常に大きいと考える。障害者権利条約の実行の重要な一部として取り組む必要があろう。

序　章　「障がい者制度改革」の第二ステージへ

※本章は拙稿「『障がい者制度改革』の軌跡 第一回――背景と経過」（『リハビリテーション研究』一五九号、三七‐四〇頁、二〇一四年）に大幅な加筆・修正を加えたものである。

第1章

「骨格提言」がめざすもの

第2回「総合福祉部会」(2010年5月18日)。
毎回の討議は4時間に及んだ。

第18回「総合福祉部会」(2011年8月30日)の傍聴席で。「骨格提言」の決定を喜ぶ自立支援法違憲訴訟原告・家族・支援者。

本書は障がい者制度改革推進会議総合福祉部会による新法制定に向けた「骨格提言」を深く理解し、その歴史的な意義を学ぶことを目的の一つとしている。そのためまず本章では、「骨格提言」の内容そのものを紹介する。あわせてその背景、そして総合福祉部会での合意に至るまでの主な論点を整理した。

二〇一一年六月に成立した障害者総合支援法と「骨格提言」との比較は第2章で、「骨格提言」の論議の過程で出された「厚生労働省のコメント」とそれへの批判的検討は第3章で、それぞれ取り上げる。また「骨格提言」の歴史的意義は、障害者総合支援法との比較によってより明確になるので、第2章で考察する。

まず「骨格提言」の土台（背景・基礎）を見て（第1節）、作成過程を振り返り（第2節）、そのうえで詳しく内容を見る（第3節）こととする。

1 「骨格提言」の土台——障害者権利条約と「基本合意」

「骨格提言」は、立場や意見の異なる五五人の委員から構成される「総合福祉部会」によって一年半の議論を経て作成され、日本の障碍者福祉の新しい制度を提言したものである。政府・官僚の主導性の強い従来の審議会とは異なり、議論の進め方も提言の内容づくりも構成員が進めた。内閣府・厚生労働省は資料印刷、情報保障や記録、現状のデータ提供など基本的には「裏方」の役割を果たした。

こうした検討体制では一般的には合意に達することはきわめて困難だと考えられる。まったくの白紙の状態で（無条件で）意見を述べあったとしたら不可能であったかもしれない。それが可能となった最大の要因は、障害者権利条約と自立支援法違憲訴訟をめぐる「基本合意」という土台のうえで、つまり明確な指針に沿って、一定の枠組みの中で議論をするという前提条件があったからだといえる。この国際的、国内的の二つの指針をまず見ておく。

■国際的指針――障害者権利条約

序章第1節でふれたように、「障がい者制度改革」全体が国連の障害者権利条約（以下「条約」）の締結に必要な国内法の整備という目的で行われてきた。多くの障碍者が「社会的入院」や長期施設入所を余儀なくされてきたことや、支援対象から漏れる「谷間の障碍（者）」がいることなどは、障碍者福祉の制度が「条約」との整合性を欠いていることを示していた。二〇一〇年一月の第一回「推進会議」で福島みずほ内閣府特命担当大臣（当時）が、障害者基本法改正、障害者総合福祉法制定、障害者差別禁止法制定の三点を達成した後「条約」を批准したいと述べたように、福祉分野は重要な批准要件とされた。

この「条約」は全五〇条からなり、差別の禁止等の基本原則や障碍・障碍者の概念を述べた上で、地域生活、移動、教育、雇用、医療、文化・スポーツなどあらゆる分野で、障碍のない人と平等な社会参加の権利を示し、その権利を確実に実行できるようにする政府の責務を述べている。さらに、法律の修正・制定、政策決定への当事者参加、情報の収集と活用、モニタリングの仕組みなど、実行を確保する手続き的な義務も明記している。

とくに障害者総合福祉法の検討に直接関連する条項は第一九条（自立した生活及び地域社会への包容）で、次のとおりである（公定訳二〇一四・一）。

第十九条　自立した生活及び地域社会への包容

この条約の締約国は、全ての障害者が他の者と平等の選択の機会をもって地域社会で生活する平等の権利を有することを認めるものとし、障害者が、この権利を完全に享受し、並びに地域社会に完全に包容され、及び参加することを容易にするための効果的かつ適当な措置をとる。この措置には、次のことを確保することによるものを含む。

(a)障害者が、他の者との平等を基礎として、居住地を選択し、及びどこで誰と生活するかを選択する機会を有すること並びに特定の生活施設で生活する義務を負わないこと。

(b)地域社会における生活及び地域社会への包容を支援し、並びに地域社会からの孤立及び隔離を防止するために必要な在宅サービス、居住サービスその他の地域社会支援サービス（個別の支援を含む。）を障害者が利用する機会を有すること。

（ｃ）一般住民向けの地域社会サービス及び施設が、障害者にとって他の者との平等を基礎として利用可能であり、かつ、障害者のニーズに対応していること。

すなわち、障碍者には非障碍者と平等に地域社会で生活し、参加する権利があること、締約国政府はそのために必要な措置をとらなければならないこと、その措置にはどこでだれとどのように生活するかの選択を可能にし、地域生活のために必要な介護を含む社会的サービスを提供すること、などが含まれるとしている。

なお、第一九条（ａ）の「特定の生活施設」という訳語は、「条約」草案を作成した国連の特別委員会議長が、入所施設・生活施設という言葉を使わずにより一般的な表現である「生活様式」という言葉をとくに意識して選んだと説明していることから見ても、また英語以外の国連公用語版では「生活環境」「生活システム」などとされていることから見ても、誤訳といえる。「条約」を承認した国会の議論でもこの点が問題となったが、結局訳語の修正はせず、しかし意味としては「特定の生活様式」「特定の生活場所」と解釈するという政府答弁となった[1]。したがって

（１）　大村美保、二〇一四「障害者権利条約第一九条に関する公定訳の課題――条約制定過程に着目して」『東洋大学・福祉社会開発研究』六、四七－五八

入所施設だけでなく、病院も、親元での生活もすべて含めて、特定の場所・様式に縛り付けられる生活をなくす、どこで暮らすかを自由に選択できる、と読むことに落ち着いたものである。

この第一九条以外にも、「条約」の多くの条項が障碍者福祉にかかわっている。それは一般的で基礎的な条文と、とくに障碍者福祉のサービスに直接かかわる条文とに分けられる。

障碍者福祉以外の分野にも共通する一般的な条文とは、たとえば第一条「目的」では包括的で漏れのない障碍者の範囲・概念が示され、第二条「定義」では「意思疎通」「言語」などが定義され、第三条「一般原則」では「固有の尊厳」など八つの「原則」が示され、第四条「一般的義務」では「障害者団体の代表との協議」などが政府に義務づけられている。障碍者福祉を含めどの分野の法制度もこれらの条文をふまえなければならない。

他方、障碍者福祉のサービスに直接かかわる条文とは、前述の第一九条以外には、第二〇条「個人の移動を容易にすること」（移動支援や補装具のあり方）、第二一条「表現及び意見の自由並びに情報の利用の機会」（意思疎通支援のあり方）、第二五条「健康」（医療と医療費保障のあり方）、第二六条「ハビリテーション（適応のための技能の習得）及びリハビリテーション」（訓練系の障碍福祉サービスのあり方）、第二七条「労働及び雇用」（就労系サービスのあり方）などかなり多い（本書では、さらに第2章第4節で、現行の障害者総合支援法にはどのような改革課題があるか、「条約」に照らして詳しく検討した）。

このように第一九条をはじめ多くの条項が障害者総合福祉法の方向性をすでに示しており、総合福祉部会の役割は日本におけるその具体化であった。このため部会は第五回目に「条約」を学び共通理解を得るための時間を特別に割いた。

■国内的指針──「基本合意」

もう一つの指針は国内的なもので、序章第1節で紹介した「基本合意」である。とくにその中に次のような文章がある。

平成二二年一月七日「障害者自立支援法違憲訴訟原告団・弁護団と国（厚生労働省）との基本合意文書」（抄）

「国（厚生労働省）は、速やかに応益負担（定率負担）制度を廃止し、遅くとも平成二五年八月までに、障害者自立支援法を廃止し新たな総合的な福祉法制を実施する。そこにおいては、障害福祉施策の充実は、憲法等に基づく障害者の基本的人権の行使を支援するものであることを基本とする。」

「国（厚生労働省）は、憲法第一三条、第一四条、第二五条、ノーマライゼーションの理念等に基づき、違憲訴訟を提訴した原告らの思いに共感し、これを真摯に受け止める。」

「国（厚生労働省）は、障害者自立支援法を、立法過程において十分な実態調査の実施や、障害者の意見を十分に踏まえることなく、拙速に制度を施行するとともに、応益負担（定率負担）の導入等を行ったことにより、障害者、家族、関係者に対する多大な混乱と生活への悪影響を招き、障害者の人間としての尊厳を深く傷つけたことに対し、原告らをはじめとする障害者及びその家族に心から反省の意を表明するとともに、この反省を踏まえ、今後の施策の立案・実施に当たる。」

「今後の障害福祉施策を、障害のある当事者が社会の対等な一員として安心して暮らすことのできるものとするために最善を尽くす。」

この障害者自立支援法訴訟は、二〇〇八年から〇九年にかけて福岡、広島、岡山、神戸、京都、大阪、和歌山、奈良、滋賀、名古屋、東京、さいたま、盛岡、旭川の全国一四の地方裁判所に七一人の障碍者・家族が提訴したものである。原告の弁護団は一七〇人にも上った。二〇〇六年度から実施された障害者自立支援法のもとで、食事・トイレなど生きていくことに必要な福祉サービスが「利益」とされて原則一割の利用者負担が課せられ、しかも障碍が重いために支援の必要度が高い人ほど多額の負担が求められるなど、この法は憲法が保障した法の下の平等も生存権も奪うものであると訴えた。

その後、本格的な裁判所での弁論が始まる前の二〇〇九年、障害者自立支援法の廃止を公約に掲げた民主党を中心とした政権が成立した。新政権はただちに和解を求め、原告団・弁護団と協議を開始し、二〇一〇年一月七日に合意したのが「基本合意」である。その後同年四月までに各地裁での和解・裁判取り下げがなされた。以後この「基本合意」に基づき、その完全な履行を確認するために訴訟団と国（政府）との定期協議が続けられている。

この「基本合意」には、障害者自立支援法が「障害者の人間としての尊厳を深く傷つけた」という表現がある。その具体的内容がどのようなものであるか、弁護団がまとめた記録(2)に詳しく紹介されている。たとえば、トイレや食事の介護に自己負担が求められ、障碍のあることをこれまでの人生の中ではじめて心底情けないと感じた人、利用者負担が生じるようになり貯金を少しずつ取り崩す生活となり、生き続けるとお金がなくなってしまうと絶望を感じた人、ヘルパーの支援を受けてスポーツ観戦にゆく時になぜヘルパーの分までお金を払わねばならないのかと怒る人、障碍のある三〇歳の息子を入所施設から地域に呼び戻したものの、この障害者自立支援法の下ではがんばりきれない、と感じる障碍者の親、等々。

このほか、多くの障碍者・家族が自立支援法に対する怒りや嘆きを表明してきた。

①五七歳の女性・知的障碍者の家族(3)

「利用者負担の軽減措置の手続きのためとはいえ、ここまでさらけ出さねばならないのかと、

---

(2)　障害者自立支援法違憲訴訟弁護団編、二〇一一『障害者自立支援法違憲訴訟——立ち上がった当事者たち』生活書院

正直なところ思いました。まるで裸をみられるような思いがしました。不正の多い最近、仕方のないこととわかっていても傷つきました。けど、背に腹は代えられません。開き直るしかありません。そうしなければ生活が成り立ちません。行政に弱者に対しての優しさを求めるのはあり得ないことなのでしょうね。つくづく貧乏のつらさを思い知らされました。」

②仙台市・五歳の娘の母(4)

「なのはなホームに通って3年、毎日和奏（わかな）はバスで楽しく通っています。七ヶ月頃から発達の遅れを感じ、病院などを回りました。このころは、原因がわからず、乳幼児検診、予防接種、どこへ行っても不安でした。悩みました。親なのだからと周りからいわれ、早く治してあげたいと神奈川や栃木にもまわりました。やっとたどり着いたのが『なのはなホーム』です。子どもの力を信じる先生たち、ともに悩むお母さんたちがいて、障害を受け入れていくことができました。

親をサポートする体制が必要です。

今度の自立支援法は、障害があるのかと悩み苦しむ親に料金を払えというものです。我が子の障害が認められず地獄の門に見える障害児の施設に料金を払って行きますか。靴のインソール、座位保持いす、バギー、半年で交換です。あらゆることに料金を払うのが自立でしょうか。不自由の分、金を払えといわれているかのようです。もう一度考え直してください。」

いくつかの大きな障碍者団体・家族団体が障害者自立支援法に期待するところが大きいと述べたこともあって、また一部にはたしかに前進面もあって、与党を中心によい法律と考えた政党もあったが、上記のような実施後の障碍者・家族の反発の強さに驚く国会議員も多かった。このような状況の中で生まれた訴訟であった。

裁判に訴えて問題解決を図ることは日本社会のもっとも基本的な仕組みの一つであり、国民の憲法的権利であるが、政府（国）はその解決方法をとらず和解の道を選んだ。原告が求める政策を実質的に実現するから裁判は取り下げてほしいと要請し、その内容を文書で約束したのが「基本合意」であった。訴訟団はそれを受け入れた。地裁もこの約束が政府（国）によって履行されると信用したから、裁判の終結を認めたものである。

したがって、この「基本合意」は新しい障碍者福祉を提言する際の単なる「指針」や参考資料ではなく、裁判所の監視のもとで被告（政府）が履行すべき義務であり、非常に強い拘束力をもっている。

（3）　日本障害者協議会政策委員会「障害者生活実態調査（ＪＤ調査・二〇〇六）報告」『ＪＤ緊急フォーラム検証――障害者自立支援法施行直後の実態、そして今なすべきことは』二〇〇六年六月三日

（4）「一〇・三一大フォーラムでの発言から」『すべての人の社会』（日本障害者協議会月刊広報誌）二〇〇六年一二月号、三一‐四

以上のような国際的、国内的な指針をふまえて、総合福祉部会での検討が始められたが、さらにこの二つの「指針」をふまえた「推進会議」の「第一次意見」（二〇一〇年六月七日）をベースにした次のような二〇一〇年六月二九日の閣議決定も強く意識して検討が進められた。

平成二二（二〇一〇）年六月二九日閣議決定「障害者制度改革の推進のための基本的な方向について」（抄、とくに「『障害者総合福祉法』（仮称）の制定」の部分）

「応益負担を原則とする現行の障害者自立支援法（平成一七年法律第一二三号）を廃止し、制度の谷間のない支援の提供、個々のニーズに基づいた地域生活支援体系の整備等を内容とする『障害者総合福祉法』（仮称）の制定に向け、第一次意見に沿って必要な検討を行い、平成二四年常会への法案提出、二五年八月までの施行を目指す。」

2 「骨格提言」の作成過程——障碍者の意見尊重と関係者の合意

■ 総合福祉部会の構成

「総合福祉部会」の設置に際しては、厚生労働省と内閣府が候補者をあげ、自薦の人も含めて二七〇人もの候補者リストができ、ここから「推進会議」議長らとも相談し両省が協議して五五人に絞ったようである。その内訳は表序－２に示したように、障碍当事者や家族団体の代表二九人、事業者一四人、学識経験者九人、自治体首長三人であった。上位機関にあたる「推進会議」は（改革の基本方向を検討する場であるので）あえて事業者団体の代表を入れず、障碍当事者の意向が反映しやすいように構成されていたが、「総合福祉部会」はより具体的な制度をつくるので、事業者や自治体関係者が多く含まれる構成となった。

このような多様な関係者を含んだ構成となったために、「骨格提言」は、障碍当事者の意見を尊重しつつすべての関係者の合意、つまり障碍者も家族も事業者も自治体も合意したものとなった。国会等で小宮山洋子厚生労働大臣（当時）は「『骨格提言』は障碍者の願いが凝縮されたものなので重く受けとめその実現に努めたい」という趣旨のことをたびたび述べた。それはそのとおりでありNothing about us without us（我々抜きに我々のことを決めないで）という「条約」の基本精神からしても重要な点である。しかしそれだけではなく、事業者・自治体・学識経験者などあらゆる関係者が参加して合意したものである点にも重要な意味がある。

さらにここには、障害者自立支援法に賛成した障碍者・家族・事業者の団体も、反対した団体も、それぞれ数多く含まれている。要するに、多様な障碍当事者の意見を尊重しつつ、当事者を含む多様な立場と意見の関係者が討議して合意したものである。「障碍者の願いの凝縮」という面だけの理解であれば、「皆さんの願いはよく理解できますが、財政事情が許さないので……」

とされかねない。

また、「政府事務局の素案を一部修正して承認」という従来の手法ではなく、後述のように、すべて内容は構成員が作成したという点も「骨格提言」の特徴である。

なお第一回部会で、互選により筆者が部会長に選ばれ、部会長が二人の副部会長を指名して承認された。「制度改革」の趣旨からして、「推進会議」構成員の障碍当事者の中から部会長を選ぶべきではないかと考えたが、障碍当事者だと自分の団体の意向と部会全体の意向との間で板挟みになりかねない、差別禁止部会との役割分担も必要、等と事前の打ち合わせで説得された経過もあった。

■会議の運営

一回四時間、約一年半に一九回の会議がもたれた。五五人が一分ずつ話しても一時間かかる。そこで事前に議題を知らせ決められた様式で意見を求め、回収した意見を整理して会議資料とし、さらに会議の前に電子メール等で構成員に送った。またテーマ別作業チームに分かれて同じ時間帯に並行して討議する方式も取り入れ、できるだけ多くの口頭での発言と討議ができるようにした。メーリングリストでの討議という考えも出されたが、公平な参加が可能かどうか不明であること、管理の難しさ、公開性・透明性の問題などから採用されなかった。

情報保障（意思疎通の確保）という面では、手話通訳、要約筆記、盲ろう者通訳、身体障碍者の介助者、点字版資料のほか、知的障碍者が参加しやすいように、意思疎通支援者の同席参加、会議資料のルビ付き版、難しい用語の説明を求める「イエローカード」の用意、会議の内容と流れについての直前個別レクチャー、等がなされた。

また、参加者の疲れを配慮し、とくに指点字に伴う疲労を考えて、原則として一時間に一五分程度の休憩時間を入れるようできるだけ配慮した。

公開性・透明性の面では、広い傍聴席、ライブでの動画配信、字幕・手話付きの録画配信、会議資料の公開等がなされた。

体温調節の障碍のある障碍者にとっては暑さは大きな障壁となるが、毎回の会場となった厚生労働省の講堂が、クーラー設備はあるものの、全庁的な節電対策で高めの温度設定となっており、参加者数が多いためあまり効かない状況であった。低い温度設定への特別扱いはできないとされ、スタッフがコンビニで氷を買って必要な委員の脇腹に付けた。

このような様々な工夫と配慮がなされた部会であった。

行政担当者は事務局に徹し、検討項目の設定から報告書素案の策定、最終決定まですべて構成メンバーが行った。このように「骨格提言」が生まれるプロセスは市民参加の政策立案として非常に新しいものとなった。ただし厚生労働省は、部会の論点項目が整理された段階で、その論点ごとに「制度の現状」を資料とともに紹介し（第五～七回部会）、さらにその論点に沿って作業チーム報告が出された段階で、「作業チーム報告に対する厚生労働省のコメント」を紹介した（第一二回および第一五回）。この「コメント」は厚生労働省の立場から他制度との整合性その他の点で検討すべき事項を整理したものである。この点については本書の第3章で詳しく検討する。

また「骨格提言」をまとめる際の工夫も重要であった。対立する意見の一方のみを取り上げるのではなく両方を反映させるため、たとえば「利用者負担」について「障害に伴い必要とされる支援は原則無償」と原則を示しつつ、「ただし高額所得者には収入に応じた負担を求める」とした。また、介護保険と障害者総合福祉法の関係について、どの制度を利用するか本人の選択に任せよという意見と、介護保険優先原則は認めざるをえないという意見が出されたが、どちらの意見も結論とはせず、介護保険対象年齢になっても従来の支援内容が保障され、生活の継続性が確保されるべきという結論とした。「選択」や「優先」などの多様な意見は「説明」の中で紹介し、今後の検討素材とされた。

■部会の経過

「基本合意」にあるように二〇一三年までに障碍者福祉の新法を「実施」するには、二〇一二年の国会で新法を「制定」しなければならず、そのための提言は二〇一一年夏までには必要とされた。そこで「推進会議」は二〇一〇年四月いち早く「総合福祉部会」を設けた。

第一回〜三回（二〇一〇年四月〜六月）の部会では「障害者総合福祉法（仮称）制定までの間において当面必要な対策について」の議論を行い、「当面の課題」の要望書をまとめた。新しい法制度（障害者総合福祉法）の実施予定は二〇一三年八月であり、それまでの三年余りもの間、現状のままでよいとは思われなかったためである。

しかし十分な討議のための時間はなく、基本的には多くの意見・要望を整理し列挙することとなったが、四点の重点課題をまとめることはできた。その四点とは、「利用者負担の見直し」（とくに自立支援医療について低所得者を無料にすることなど）、「法の対象となる障害の範囲の見直し」（手帳非所持の難病患者等への拡大）、「地域での自立した暮らしのための支援の充実」（地域生活支援事業の地域間格差解消のための予算措置など）、「新法作成準備のための調査、情報収集、試行事業実施についての予算措置」であった。

第四回〜七回（六月〜九月）では、九分野二九項目九一点の「論点」（表１－１）を整理し、それに沿って議論を行い共通理解を図った。いよいよ本格的な障害者総合福祉法のあるべき姿を明確にする討議が始まったことになる。この期間には討議の指針となる「条約」「基本合意」および「推進会議の福祉分野の議論の内容」についての学習の時間も設け、構成員の共通理解を図った。

論点の「たたき台」の準備にあたって視点・根拠としたのは、①推進会議の第一次意見書と、

表 1-1 「障害者総合福祉法」（仮称）の論点（第 4 回部会）

分　野	項　目
A 法の理念・目的・範囲	A-1 法の名称
	A-2 誰の何のため
	A-3 理念規定
	A-4 支援（サービス）選択権を前提とした受給権
	A-5 法の守備範囲
B 障害の範囲	B-1 法の対象規定
	B-2 手続き規定
C「選択と決定」（支給決定）	C-1 自己決定支援・相談支援
	C-2 障害程度区分の機能と問題点
	C-3「選択と決定」（支給決定）プロセスとツール
D 支援（サービス）体系	D-1 支援（サービス）体系のあり方について
	D-2 生活実態に即した介助支援（サービス）等
	D-3 社会参加支援（サービス）
	D-4 就労
	D-5 地域での住まいの確保・居住サポートについて
	D-6 権利擁護支援等
E 地域移行	E-1 地域移行の支援，並びにその法定化
	E-2 社会的入院等の解消
F 地域生活の資源整備	F-1 地域生活資源整備のための措置
	F-2 自立支援協議会
	F-3 長時間介助等の保障
	F-4 義務的経費化と国庫負担基準
	F-5 国と地方の役割
G 利用者負担	G-1 応益負担の問題点と現状の評価
	G-2 負担の範囲
H 報酬や人材確保等	H-1 支払方式
	H-2 人材確保・育成
I その他	I-1 介護保険との問題
	I-2 現行の特別対策等

福祉分野について議論された第三回推進会議議事録、②「条約」本文、③「基本合意」、④民主党障がい者政策プロジェクトチーム報告「障がい者制度改革について――政権交代で実現する真の共生社会」（二〇〇九年四月八日）の四文書であった。④は総選挙公約の説明資料であったので参考にした。表1-1に見るように用語についても新しい視点を盛り込み「支給決定」を「選択と決定」、「サービス」を「支援」とするなども試みた。

第四回で論点項目を討議し確定したうえで、第五回～七回で各回三分野ずつ議論した。この段階では各構成員の意見の表明と相互理解の促進に主眼が置かれ、部会としての文書の作成は行わなかった。

第八回～一五回（一〇月～二〇一一年五月）では、複数の作業チームに分かれて議論・検討を行った（表1-2）。五五人の全体会のみでは詰めた議論をすることが困難であり、少人数で並行して（時間を節約して）掘り下げた議論をするためである。なお、一人ひとりの構成員が複数のチームで発言できるように、また法の目的や障碍者の範囲など基礎的なテーマの検討を踏まえたうえでより具体的なテーマの検討ができるように、作業チームでの検討は第一期と第二期とに分けて行った。

「就労」「医療」「障害児支援」については「障害者福祉」と他分野の施策とが深く関連していることから、部会構成員となっていない「推進会議」構成員も参加する「合同作業チーム」とし

表1-2　作業チームによる検討

	2010年10月	11月	12月	2011年1月	2月	4月	5月	6月
総合福祉部会	第8回	第9回	第10回	第11回	第12回	第13回	第14回	第15回
	第1期作業チーム			第1期作業チーム報告と討議	第2期作業チーム			第2期作業チーム報告と討議
部会作業チーム	法の理念・目的				地域移行			
	障害の範囲				地域生活の資源整備			
	選択と決定・相談支援（程度区分）				選択と決定・相談支援（程度区分）			
	施策体系（訪問系）				利用者負担			
	日中活動とGH・CH・住まい方支援				報酬や人材確保等			
	地域生活支援事業の見直しと自治体の役割							
部会と推進会議の合同作業チーム	就労（労働及び雇用）				就労（労働及び雇用）			
	医療				医療			
	障害児支援				障害児支援			

（注）GH＝グループホーム，CH＝ケアホーム

た。

　これらの作業チームでの検討の成果は二二三頁に及ぶ「部会作業チーム報告 合同作業チーム報告」としてまとめられている。[5] この報告には各作業チームの報告に対してチームメンバー以外の部会構成員から寄せられた批判や補強の意見も紹介されている。これが「骨格提言」の素案の基礎となったものである。

　なお各チーム報告に対して、第3章で詳しく検討するように厚生労働省からのコメントが出されている。

　第一六回～一八回（六月～八月）では、これまでの議論をふまえ、また前述の厚生労働省のコメントもふまえつつ、

一年半の議論をまとめる作業を行い、二〇一一（平成二三）年八月三〇日の第一八回部会で最終的な合意を得て、「骨格提言」がまとめられた。

当初は中間報告を用意し、パブリックコメントや地方公聴会などで広く意見を聞いて最終提言を作成する日程も検討されたが、作業チームでの三カ月の検討の後に一回はその報告と討議のための全体会が必要となり、さらに三・一一の東日本大震災で一回は開催できず、結局は部会内部での討議の時間を確保するのに精一杯となって、厚生労働省と約束した期限の二〇一一年八月末までになんとか「骨格提言」にたどり着いたものであった。

なお、第一八回以後は厚生労働省による法律案作成の期間となり、「部会」は開かれなかった。部会を開いて経過を報告してほしいとの要望に対しては、まだ白紙であり報告する内容がない、などの厚生労働省の説明があった。九月から一二月にかけて与党民主党国会議員のプロジェクトチームが部会構成員の団体もそれ以外の団体も含めて四〇以上を対象にヒアリングを行った。「骨格提言」は読んだが、法案作成に向けて直接関係者の声を聞きたいから行うヒアリングであると説明された。部会構成員は、関係者の意見を一つにまとめてほしいと頼まれて困難な作業をして「骨格提言」を作成したのに、その直後からなんのために団体ごとの意見を聞くのかと疑問

（5）　障がい者制度改革推進会議・障がい者制度改革推進会議総合福祉部会編「資料一　部会作業チーム報告　合同作業チーム報告」第一六回総合福祉部会、二〇一一年七月二六日

に思った。

第一九回（最終回）部会は二〇一一年二月八日に五カ月のブランクの後に開かれ、厚生労働省が準備しつつある法案が説明され、「これではゼロ回答に等しい」などの厳しい批判が構成員から出された。その後の若干の修正がなされ、三月には閣議決定され、国会でも一部修正されて六月に「障害者総合支援法」が成立、二〇一三年四月に（一部）施行された。

3 「骨格提言」のポイント——障害者総合福祉法がめざす姿

「骨格提言」は「はじめに」で、新法がめざす以下の六点を掲げている。

①障害のない市民との平等と公平

障碍者と非障碍者とを比べると大きな生活の格差がある。どこで暮らすか、自由に外出できるか、自由な意思疎通ができるか、雇用の可能性はどうか、等々。地域で平等に暮らし社会参加するために必要な福祉の支援を受ける権利を保障するのがこの法律案である。「支援することができる」という自立支援法では、行政サイドの裁量の幅が大きすぎる。

②谷間や空白の解消

障害者手帳所持者に限らず、すべての障碍者を対象とする。また通勤や通学の介護が、福祉制度にも雇用制度にも教育制度にも用意されていないなどの「制度の空白」もなくす。

③格差の是正

市町村間のサービス格差をなくす。そのためにどの地域でも共通して必要とされる支援は国や都道府県の「負担事業」とし、さらに長時間介護の市町村負担部分を軽減するなどを提言している。

④放置できない社会問題の解決

「社会的入院」や長期施設入所の解消をめざす。そのために「地域基盤整備一〇カ年戦略」で地域の受け入れ態勢を整え、本人の希望に沿った地域移行プログラムを実行する。

⑤本人のニーズにあった支援サービス

障害程度区分をなくし、市町村の支援ガイドラインを使っての個別ニーズ評価と協議調整方式で支給決定する。本人の意思決定を尊重した相談支援と権利擁護制度でこのプロセスを支える。

⑥安定した予算の確保

対ＧＤＰ比でＯＥＣＤ（経済協力開発機構）諸国の平均並みの障碍者福祉予算をめざす。これだけで約二倍の予算となる。と同時に、国も自治体も膨大な財政赤字を抱えていることから、障碍者福祉の財源確保についての国民理解が得られるよう努力する。

なお「骨格提言」では障碍者福祉の経済効果についても取り上げている（第二部第四章）。障碍者福祉は、その他の分野の社会福祉とともに雇用創出効果が大きく、全国に満遍なく経済効果を生み出すとともに、地域住民への啓発効果、地域や社会のあり方にポジティブな影響をもたらすとしている。

①は障害者権利条約が求める最大の課題であり、②、③、④はわが国の障碍者福祉が積み残してきた歴史的汚点である。⑤も積年の課題ではあるが、六〇年前にはそれなりの積極面もあった画一的医学モデル的福祉が今日ではマイナス面が大きくなったことに対応する転換である。⑥はそれらを実現するための財源確保である。これら六点は日本の障碍者福祉の国際化ともいえる。六点の達成がすなわち権利条約の誠実な実行であり、すでに先進国で実現している水準の追求であるからである。

以下、次節でより具体的に「骨格提言」の内容を見てゆく。

4 「骨格提言」の内容

「骨格提言」の構成は表1-3のとおりで、三部構成となっている。中心は第Ⅰ部で、障害者総合福祉法のあるべき内容を提言している。第Ⅱ部は制定までの準備や経過措置、さらに実施に必要な予算増を求めている。第Ⅲ部は、総合福祉法には含まれないが深く関連している医療や雇用などの分野について、部会、とくに作業チームで検討してきた内容を提言している。図１－１は「骨格提言」の概要（第三五回障がい者制度改革推進会議資料二、二〇一一年九月二六日）である。

以下、第Ⅰ部を詳しく紹介する。第Ⅰ部第一章から第一〇章が以下の（1）から（10）に対応している。なお「骨格提言」ではいくつかの箇所で取り上げている国・自治体の財政負担のあり方についてはここでは（11）にまとめて紹介した。

表 1-3 「骨格提言」の目次

はじめに
Ⅰ．障害者総合福祉法の骨格提言
　1．法の理念・目的・範囲
　2．障害(者)の範囲
　3．選択と決定(支給決定)
　4．支援(サービス)体系
　5．地域移行
　6．地域生活の資源整備
　7．利用者負担
　8．相談支援
　9．権利擁護
　10．報酬と人材確保
Ⅱ．障害者総合福祉法の制定と実施への道程
　1．障害者自立支援法の事業体系への移行問題
　2．障害者総合福祉法の制定及び実施までに行うべき課題
　3．障害者総合福祉法の円滑な実施
　4．財政のあり方
Ⅲ．関連する他の法律や分野との関係
　1．医療
　2．障害児
　3．労働と雇用
　4．その他
おわりに

関する総合福祉部会の提言（概要）

4. 放置できない社会問題の解決
5. 本人のニーズにあった支援サービス
6. 安定した予算の確保

Ⅱ．障害者総合福祉法の制定と実施への道程

3．選択と決定（支給決定）

・障害程度区分に代わる新たな支給決定の仕組み。
・サービス利用計画に基づく本人の意向等が尊重される。
・協議調整により必要十分な支給量が保障される。
・合議機関の設置と不服申立。

6．地域生活の基盤整備

・計画的な推進のため地域基盤整備10カ年戦略策定の法定化。
・市町村と都道府県は障害福祉計画を，国はその基本方針と整備計画を示す。
・地域生活支援協議会の設置。

9．権利擁護

・権利擁護は支援を希望又は利用する障害者の申請から相談，利用，不服申立てのすべてに対応する。
・オンブズパーソン制度の創設。
・虐待の防止と早期発見。

1．障害者自立支援法の事業体系への移行問題
・自立支援法の事業移行期限終了後も一定の要件の下で移行支援策を継続する。

2．障害者総合福祉法の制定及び実施までに行うべき課題
・総合福祉法の制定及び実施に当たり地方自治体の意見を踏まえる。
・総合福祉法の策定及び実施のための事態調査や試行事業を行う。

3．障害者総合福祉法の円滑な実施
・総合福祉法を補完する，あるいはこれへの移行を支援する基金事業を設けること。

4．財政のあり方
・国は予算措置に必要な基礎データを把握する。
・障害関連予算をOECD諸国の平均水準を目標に漸進的に拡充する。
・財政の地域間格差の是正を図る。
・財政設計にあたり一般施策での予算化を追求。
・障害者施策の推進は経済効果に波及する。
・支援ガイドラインに基づく競議調整による支給決定は財政的にも実現可能である。
・長時間介助等の地域生活支援のための財源措置を講じること。

関連する他の法律や分野との関係

2．障害児
・障害児を含むすべての子供の基本的権利を保障する仕組みの創設が必要。
・障害を理由に一般児童施策の利用が制限されるべきではない。

3．労働と雇用
・障害者雇用促進法を見直し，雇用の質の確保，必要な支援を認定する仕組みの創設，雇用率や納付金制度見直し等を行う。
・労働と福祉の一体的展開。

図 1-1　障害者総合福祉法の骨格に

障害者総合福祉法の6つのポイント

1. 障害のない市民との平等と公平
2. 谷間や空白の解消
3. 格差の是正

Ⅰ．障害者総合福祉法の骨格提言

1．法の理念・目的・範囲

・障害の有無によって分け隔てられない共生社会を実現する。
・保護の対象から権利の主体への転換と，医学モデルから社会モデルへの障害概念の転換。
・地域で自立した生活を営む権利。

2．障害(者)の範囲

・障害者総合福祉法が対象とする障害者（障害児を含む）は，障害者基本法に規定する障害者をいう。
・心身の機能の障害には，慢性疾患に伴う機能障害を含む。

4．支援(サービス)体系

・障害者権利条約を踏まえ，障害者本人が主体となって，地域生活が可能となる支援体系の構築。
・「全国共通の仕組みで提供される支援」と「地域の実情に応じて提供される支援」で構成。

5．地域移行

・国が社会的入院，入所を解消するために地域移行を促進することを法に明記する。
・地域移行プログラムと地域定着支援を法定施策として策定，実施。
・ピアサポーターの活用。

7．利用者負担

・食材費や光熱水費等は自己負担とする。
・障害に伴う必要な支援は原則無償とするが，高額な収入のある者には応能負担を求める。

8．相談支援

・対象は障害者と，支援の可能性のある者及びその家族。
・障害者の抱える問題全体に対応する包括的支援を継続的にコーディネートする。
・複合的な相談支援体制の整備。

10．報酬と人材確保

・利用者への支援に係る報酬は原則日払い，事業運営に係る報酬は原則月払い，在宅系支援に係る報酬は時間割とする。
・福祉従事者が誇りと展望を持てるよう適切な賃金を支払える水準の報酬とする。

Ⅲ.

1．医療

・医療は福祉サービス及び保健サービスとの有機的連携の下で提供される必要がある。
・福祉，保健，医療にわたる総合的な相談支援が必要。

（出所）「障がい者制度改革推進会議」第35回（2011年9月26日），資料2

また（12）として第Ⅲ部の要点を紹介した。

（1）法の理念・目的・範囲——権利性をもった制度に

まず「法の目的」に、この法律は憲法・障害者基本法の基本的人権・平等の理念に立脚する法律であること、地域で自立的に暮らし社会参加するために必要な支援の利用はもれなくすべての障害者の権利であること、その保障は国と地方公共団体の義務であることを明記する。

これをよりたしかにするために「地域で自立した生活を営む基本的権利」という名前の条文を設け、とくに①生命の危険にさらされない権利、②必要な支援を受けながら意思決定する権利、③どこで誰とどのように生活するかを選択する権利、④自ら選んだ言語・手段でコミュニケーションを図る権利、⑤移動する権利の五つの権利と、それを実現するために必要な支援を受ける権利を規定する。

このほか、法の理念として、「保護の対象から権利の主体へ」「医学モデルから社会モデルへ」の二点を掲げるべきこと、国、都道府県、市町村のそれぞれの義務、などを提言している。

これら目的や理念は、従来の障害者福祉があまりにも権利性を欠き、市町村に広い裁量の幅を与えてきたとの認識から提起された。支給決定は財政事情を考慮した市町村の裁量によって決められ、あるいは逆に障害程度区分や障害者手帳所持要件によって裁量の余地がなく、その結果サービス利用が制限されてきた。低報酬による事業者不足も利用制限を強め、応益負担も一層の利用制限を生み出した。このため、これまでの法制度の延長線上では、地域での支援不足のために施設・病院から移行できない、地域で暮らしてはいるがあまり外出ができない、もっと自由にコミュニケーションを図りたい、などの問題の解決が見込めないと考えられた。そのため、権利性を備えた法律の整備が急務であった。これは障害者権利条約が求め、「基本合意」で国（政府）が約束したことでもあった。

なお、自立支援法違憲訴訟で提起された次のような考え方も第一章に反映されている。一般に憲法が保障する人権に関して、まず自由権が重視され社会権は補充的なものとされるが、障碍者にとってはむしろ逆転しており、動く、歩く、話す、食事をする、排泄するといった自由権の行為をするに際して社会権としての福祉給付が不可欠であるから、障碍者福祉を一般の社会権と同等に位置づけて国・自治体に広範な裁量権を認めてはならず、自由権と同等に扱うべきである、というものである。

第一章ではさらに「介護保険との関係」が問題となった。法体系としては「障害者総合福祉法は、……介護保険法とはおのずと法の目的や性格を異にするもので……別個の法体系として制度設計されるべき」と、両者の統合を否定した。しかし障碍者が六五歳（加齢関連疾病による障碍者の場合は四〇歳）になった時点での介護保険適用については、部会内部で意見が分かれた。

どの制度を利用するかは障碍者本人の選択とするという「選択論」と、税負担軽減のため同様のサービスが社会保険制度で利用できる場合はそれを優先する原則は曲げられないという「優先論」である。

「骨格提言」はどちらの立場もとらず、「介護保険対象年齢になった後でも、従来から受けていた支援を原則として継続して受けることができるものとする」との結論とした。その年齢になっても一般的には生活は変わらず、必要な支援も変わらないのであるから当然といえる。

しかし現実の大問題は、法律や厚労省の通知に反して「六五歳になったのだから介護保険『しか』使えません」などの窓口対応を行っている市町村が多いことである。また、多くの障碍者が介護保険を利用して不足分を自立支援法でカバーしているが、「介護保険で請求される月一万円、二万円の厳格な一割負担が辛すぎる」という声が多くあげられ、不服審査請求の後、提訴する障碍者も増えている。内容的にも介護保険では、鉢植えへの水やり、窓ふき、ペットの世話、銭湯・理美容室等への外出介助、趣味活動や旅行への同行、大掃除・床のワックスかけなどいろいろな禁止事項があり、余暇や社会参加支援、見守りや待機も含まれる障碍者福祉の重度訪問介護とは大きく異なっており、無理な介護保険への移行が問題となっている。

(2) 障碍（者）の範囲——「谷間の障碍」をなくす

障害者自立支援法では障害者手帳の所持者が対象とされ、難病などで身体障害者手帳がとれない人はサービスが受けられなかった。ただし精神面の障碍については、手帳がなくても精神疾患の診断書や知的障碍の診断書でも受け付けられる。知的障碍者については法律による手帳制度がないので、これを要件にすることができず、また精神障碍者については一九九五年に手帳制度を導入した際に、本人が精神障碍者であると認めることを支援利用の厳格な要件とするのは問題であると指摘されたためである。しかし実態としては市町村窓口で手帳の取得が強く勧められているようである。

「骨格提言」では、法が対象とする障碍者（障碍児を含む）は、障害者基本法が規定する障碍者とした。二〇一一年改正の基本法では障碍者とは「身体障害、知的障害、精神障害（発達障害を含む。）その他の心身の機能の障害（以下「障害」と総称する。）がある者であって、障害及び社会的障壁により継続的に日常生活又は社会生活に相当な制限を受ける状態にあるものをいう。」となっている。

この基本法の定義を採用した理由は、基本法との整合性が大事だということに加えて、この「心身の機能の障害」は、すべての障碍者、とくに難病に伴う機能障碍を含むこと、「継続的に」は変動する状態のものも含むこと、などが国会の基本法改正案審議でも確認されているので、「谷間の障碍」をなくすために有効だとの判断がある。さらに「骨格提言」では、この基本法の定義に加えて「慢性疾患に伴う機能障害を含む」と明記し、病気に伴う障碍が排除されないよう念を押した。またこの機能障碍という言葉は日本ではまだなじみが薄いが、WHO（世界保健機構）が二〇〇一年に決定したICF（国際生活機能分類）によって定義が与えられ、約八〇〇項目の網羅的な分類も示されているもので、「世界的にも公知のものとなっている」としている。

以上、障害者手帳の所持者に限定せずすべての障碍者を対象にする、ということが第二章が提言する内容である。

市町村窓口で障碍者であることを確認する方法については、第三章の「選択と決定（支給決定）」の中で、「障害者手帳、医師の診断書、もしくは意見書、その他、障害特性に関して専門的な知識を有する専門職の意見書」などで行うとしている。

これは、障害者手帳のない人も対象にする、確定的な診断名が不明な場合でも意見書で受け付ける、さらに今日では機能障碍やその生活への影響について専門的な評価ができる医師以外の専門職が存在するので、その意見書でも受け付ける、ということである。ただし、新法の目的は機能障碍に伴って生じている生活の支障の解決・軽減であり、機能障碍自体の種類や程度などで高いハードルを設けることはしない。障害者手帳の対象から漏れている難病その他の慢性疾患に伴う障碍者、中軽度の難聴者や知的障碍者なども支援ニーズがあれば支援される。

なお、精神疾患または難治性疾患については一般的に生活の支障を生み出すので、「病気」の診断書をもって「機能障碍」の証明とすることができる、としている。しかしすべての「病気」、

「疾患」が「機能障碍」を伴うとは考えず、たとえば風邪などの一時的なものや、継続的なものでもある種の皮膚疾患などはとくに生活の支障を生み出さない場合がある。「精神疾患又は難治性疾患」については、生活の支障に直結していることが多く、（とくに「難病」はその制度的な定義の中に生活の支障が含まれている）、これらについては「機能障碍」の証明を別個に求めることによる負担をなくそうという趣旨である。

なお「骨格提言」では、「心身の機能の障害」がどの程度長い間続いているのか、続くと見込まれるかの「期間」についてはふれていないが、「六カ月」などの規定で統一を図る必要があろう。

また論議の中では障害者手帳制度についても統合や対象拡大の意見が出されたが、これは障害者雇用率、税制等での障害者控除、ＪＲ等の運賃割引、在宅投票、地方自治体の独自事業など、障碍者福祉以外にも非常に多くの制度に影響するために、総合福祉部会ではあえて本格的には議論せず、「障害者手帳がなくても利用できる障碍者福祉の制度」のあり方の提言となった。

(3) 選択と決定（支給決定）——個別ニーズ評価の方式へ

①個別ニーズ評価と「ガイドライン」

サービス利用にあたって障碍者が市町村に申請をする点では従来と同じだが、「骨格提言」では本人中心に作成された「サービス利用計画」をつけて申請する。市町村は障害程度区分（二〇

図 1-2　障害者総合福祉法の骨格提言での選択と決定（支給決定）プロセス

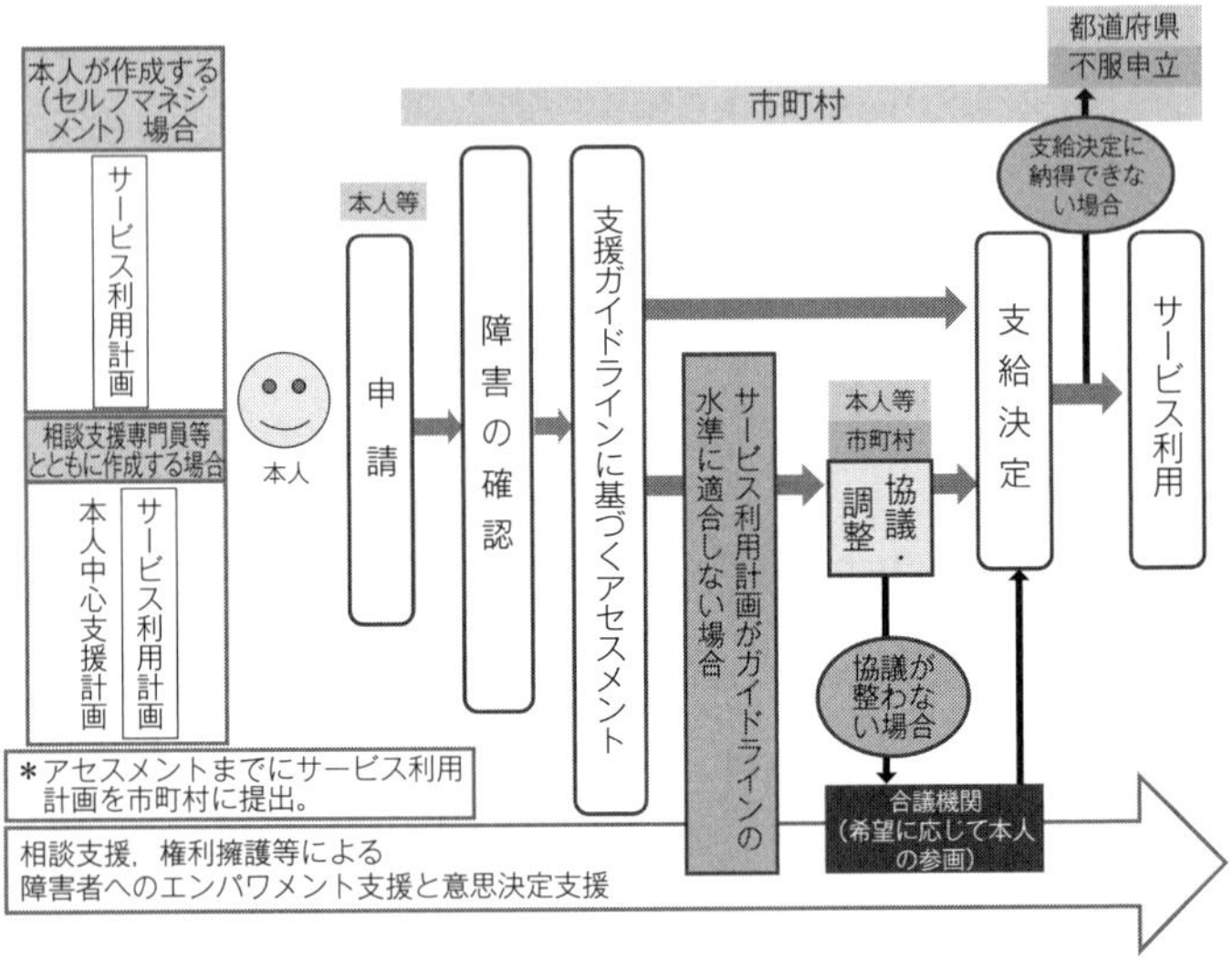

（出所）　内閣府・障がい者制度改革担当室作成（2011 年 9 月）未刊行。

一三年四月からは障害者総合支援法により障害支援区分という名称になっている）を使わず、「支援ガイドライン」に基づくニーズ評価と支援内容の検討を行う。「サービス利用計画」と食い違う支援案となった場合には本人と協議調整を経るなど全体で六段階の手続きを提言している（図1-2）。なお、「支給」という表現は恩恵的なニュアンスを含むため「選択と決定」の見出しとした。

その六段階は次のとおりである。

第一に、本人または代理人が「サービス利用計画」を添えて市町村に申請する。

第二に、市町村は障害者手帳や診

断書などで機能障碍のあることを確認する。

第三に、市町村は「支援ガイドライン」でニーズ評価をし、支給決定案を作成する。

第四に、支給決定案と利用計画が食い違う場合は市町村と本人の協議調整で決定する。

第五に、それが不調の場合は第三者的合議機関で検討し、その結果を受けて決定する。

第六に、それでも不服な場合、申請者は都道府県に不服申し立てができる。

「サービス利用計画」は、本人自身がつくることも、相談支援専門員とともにつくることも、本人を中心に家族・日常的支援者等（と相談支援専門員）でつくることもできる。どのような種類と量の福祉サービスを希望するかを整理したものである。申請を受けた市町村は前項で述べたようにその人が障碍者であることをまず確認する。「障害者」総合福祉法であるのでこの作業を省略することはできない。

市町村は「サービス利用計画」を参考にしつつも、独自に支援ニーズを評価し、支援サービスを決定する。このニーズ評価では「支援ガイドライン」が重要な役割を果たす。これは障碍者が障碍のない人と平等に地域で暮らすために必要とされる支援は何かを判断するための視点や基準、ニーズ評価の方法などを示すもので、国が示す最低限のラインの上に、市町村が障碍者・市民参加のもとでつくる。「地域生活」の水準は全国一律ではないことから市町村の独自性の反映も望まれる。

「骨格提言」では、支給決定にあたり「障害の種類や程度に偏らず、本人の意思や社会参加上の困難を考慮する」などの基本的な性格を示すにとどまる。これはわが国ではまったく新しい支給決定方式であり、「試行事業を実施し、その検証結果をふまえ、導入をはかる」としている。しかし諸外国ではすでに定着しており、日本でも類似のガイドラインを設け、障碍者の個別の状態を評価して支給決定に生かしている市町村もあるので（「総合福祉部会」では兵庫県西宮市の例が注目され、市の担当者へのヒアリングも行われた）、十分可能であろう。課題の一つは市町村にケアマネージャーや社会福祉士などの専門職が十分には配置されていない現状があり、専門職の養成や配置をどうするか、市町村と民間の相談支援事業との連携をどう強めるか、等であろう。

このようにして生まれる市町村の支給決定案が、「サービス利用計画」で求められているものより種類や量の面で不足することもありうる。その場合は「協議調整」で一致を図る。「支援ガイドライン」で評価をしても個別の特殊事情が十分には考慮されないこともあろうし、障碍者がサービス内容をよく把握できないまま「利用計画」を作成してしまうこともありうるので調整が必要である。

従来の支給決定プロセスでは障碍者は申請するだけで、あとは「客観的に」市町村が調査し決定してきたが、「骨格提言」では障碍者本人の参加を求める。これは申請時の「サービス利用計画」の提出に始まり、その後の「不服申し立て」に至るまで重視される。そのことによって本人のニーズによりふさわしい支援が可能となり、満足度も高く、無駄も減らせる。この本人参加に支援が必要な場合には相談支援の仕組みや権利擁護制度によって対応する。障碍者は受け身の「保護の対象」にとどまらず、「権利の主体」として自らに対するサービスの支給決定に関与することになる。これはあらゆる市民・社会サービスの今後の姿であり、障碍者福祉だけが行政主導の画一的なものにとどまることはない。

さらに、「協議調整」が整わない場合には、市町村レベルに設けられる第三者的な合議機関での判断を求めることができ、そこでは希望する場合には本人が意見陳述できるとしている。

②障害程度（支援）区分は使わない

「骨格提言」では、支給決定に際して障害者自立支援法の障害程度区分を使わないこととしている。

障害程度区分はもともと介護保険の要介護認定を参考にして導入されたもので、介護保険である程度有効であったと仮定しても、障碍の種類も支援の種類も多様な障碍者福祉の分野での支援ニーズを数段階の区分で示すことは不可能なことであった。

実際、法案上程後に試行事業を行う拙速さであり、そのため法では区分は「障害福祉サービスの必要性を明らかにする」ものとして成立したが、法実施の最初（二〇〇六年四月）から障碍福祉サービスの中でも介護給付のみに使い、訓練等給付には使わない（使えない）ものとなった。自立訓練、就労支援、居住支援などの訓練等給付のニーズとの相関が低かったためである。

さらに二〇一〇年の障害者自立支援法改正、いわゆる「つなぎ法」により介護給付に入った「同行援護」（二〇一一年一〇月実施）は障害程度区分を使わず「同行援護アセスメント票」によって視覚障碍と単独歩行能力のみでニーズ判定、支給決定することとなった。支援ニーズに直結する必要最小限の項目で評価するほうが、一〇六もの認定項目を使って「総合的」に評価する（各項目が相殺し合ってニーズをぼかす）よりよいと判断されたためであろう。

また従来、生活介護と施設入所支援の組み合わせ利用は区分四以上が要件であったが、二〇一二年度からサービス等利用計画上で必要とされれば区分一以上であれば認めることとされた。この背景・理由と考えられるのは、区分三以下でもその人の環境などによって入所施設以外での生活が非常に困難な人がいるということであろう。たとえば、地域で軽犯罪を繰り返してしまうか、ＡＤＬ（日常生活動作）は自立しているものの不安が強く一人では暮らせずグループホームもその地域にはない等の事情が想定される。

障害程度区分の考え方は永続的な状態像を示すことなので、変わりやすい環境因子は厳密に排除し、社会参加状態なども排除し、受給資格を医学的・基礎的な項目だけで「客観的に」「公平に」決めようとする。しかし他の項目・要素がニーズに強く関連することもあるのが現実なので、「区分」（本人の障碍状態）だけで支給決定を縛ることの無理を政府も認識したものといえる。

厚生労働省の「当面の」スタンスは、「障害程度（支援）区分だけでなく、それも含めて本人の意向や環境なども総合的に勘案して支給決定を決める」と説明し市町村を指導している。しかし「総合的な勘案」がなされにくいのが現状である。市町村の財政事情とニーズ評価専門職の不在によって、障害程度区分が支給決定を縛っている。

このような実態を見ても、「障害程度区分から個別ニーズ評価へ、ケアマネージメントへ」という流れに向かわざるをえない。医学モデルから社会モデルへの流れともいえる。相談支援事業が広がり、すべての障碍者がケアマネージメントを利用できるようになる中で、障害程度（支援）区分は支援の妨害物として認識されるようになると思われる。

（4）支援（サービス）体系――シンプル化と財政責任の確立

「骨格提言」では、第四章「支援（サービス）体系」で、国・自治体の財政負担の問題と支援（サービス）体系の問題の両方を取り上げている。これは、障害者自立支援法が三障碍の統合による支援制度のシンプル化を実現したにもかかわらず、財政理由による複雑化を生み出していることと関係している。

すなわち、障害者自立支援法はまずサービスを「自立支援給付」と「地域生活支援事業」に分け、前者を義務的経費（市町村が支払った費用の二分の一を国が、四分の一を都道府県が義務として負担する）の対象とし、後者を裁量的経費（国や都道府県が市町村に補助することができる）の対象とする。

「自立支援給付」の中心となる「障害福祉サービス」は「介護給付」と「訓練等給付」に分けられ、「介護給付」は将来介護保険に統合される予定のサービスで、この部分は「障害程度区分」認定を必要とする。このように国等の負担責任の重さや介護保険との関係で、つまり財政事情によって類似目的のサービスがあちこちに分断されているのが自立支援法であった。

このため生じる問題は、(a)制度が複雑となり個々のサービスの設置数が少なくなり身近なところでの利用が困難となる、(b)地域生活支援事業のサービスは市町村の財政力に依存し格差が大きくなる、ことである。

本項では、おもに(a)の問題を解決するための、利用者側のメリットを第一に考えた「サービスのシンプル化」、すなわち目的・機能によるサービス体系の再編成を取り上げる。(b)を解決するための財政負担構造の提言については(11)で取り上げる。

「骨格提言」では、「地域生活支援事業」の名称はやめ、「市町村独自支援」(B)という枠(裁量的経費)を残し、そこでは地域の実情に応じていろいろな支援ができるとしている。とりあえず「福祉ホーム」などを掲げているが、障碍者に対する個別給付になじまない、市民への障碍理解促進事業、障碍者を含めたスポーツ事業などを想定した。

しかし「移動支援」「コミュニケーション支援」「相談支援」など、地域格差があってはならない支援については、「全国共通の仕組みで提供される支援」(A)に移行させるべきとしている。

この支援（A）は障害者総合福祉法の中心であり、国・都道府県が確実に負担する事業とし、目的・機能別に次の九つに区分している。

①就労支援
②日中活動等支援
③居住支援
④施設入所支援
⑤個別生活支援
⑥コミュニケーション支援及び通訳・介助支援
⑦補装具・日常生活用具
⑧相談支援
⑨権利擁護

まず全体として通所の場を「障害者就労センター」と「デイアクティビティセンター」（仮称）とする（図１-３）。後者には、作業活動支援部門と、文化・創作活動支援、自立支援（生活訓練・機能訓練）、社会参加支援、居場所機能等の多機能部門とを区別し、医療的ケアも提供する。この作業活動支援部門はサービス体系の上では就労支援と日中活動等支援の両方にまたがるサービスである。

図 1-3　障害者総合福祉法における就労支援・日中活動等支援などの関係

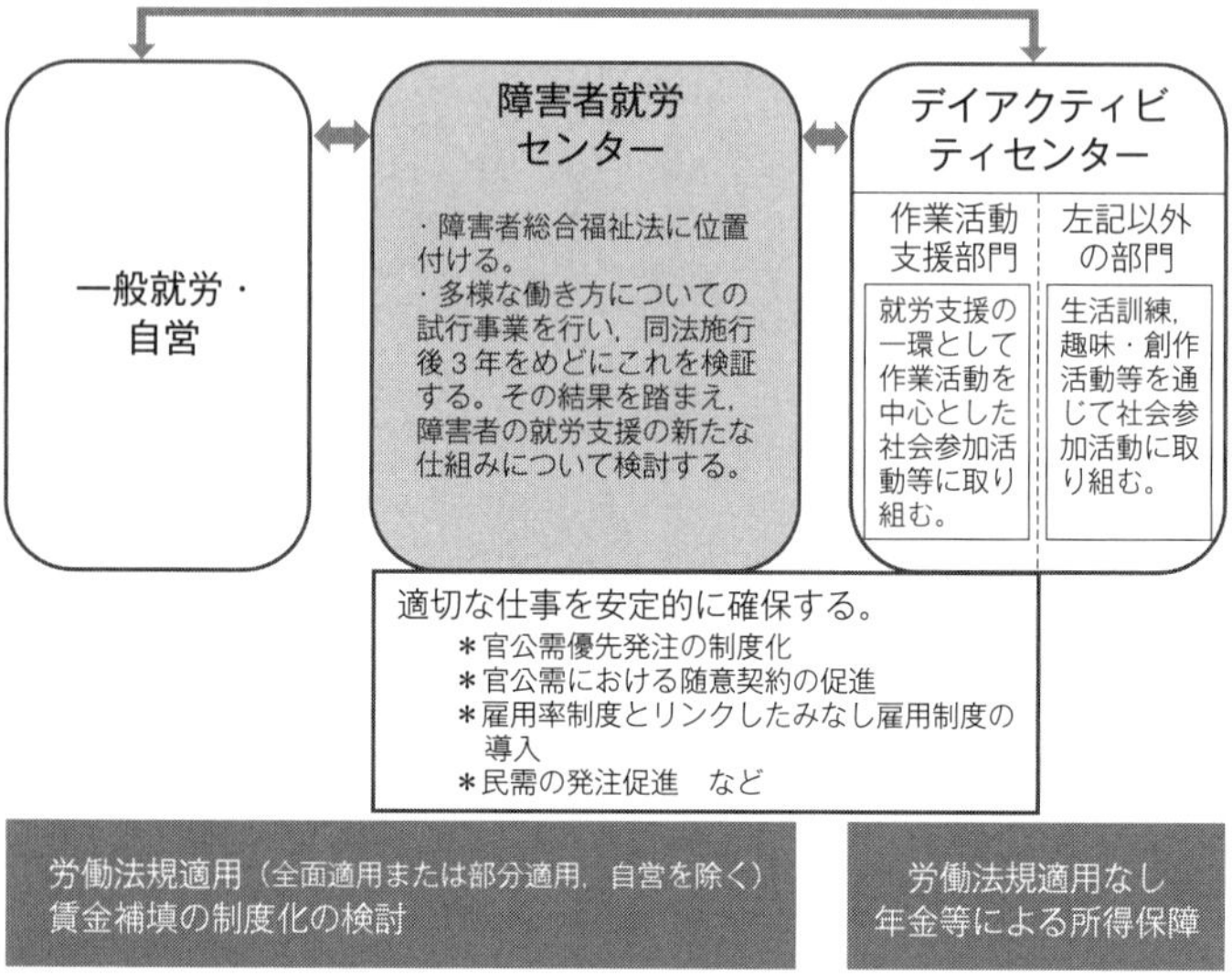

※労働法規を適用することが適切ではない人が働く場を失わないよう，十分に配慮すること。

（出所）「骨格提言」第Ⅰ部第四章 A-2。

前者の「障害者就労センター」は、官公需による支援の制度化や雇用率制度とのリンクなどのほかに「賃金補塡」の創設をも検討して、障害年金を受けずに労働者として給料で生活できるようにする就労の場である。二〇万人の「福祉的就労」の利用者の大部分を「労働者」として社会参加できるようにする。当面は新法の下に置くが、やがては福祉制度から独立させることも検討する。

後者の「デイアクティビティセンター」は生きがい活動などによる社会参加の場であり、障害年金などの所得保障で暮らしてゆくことを想定している。ただしそのなかの「作業活動支援部門」は（基本的に障害年金で暮らしつつも）「働くこと」を生活の軸としたい利用者を想定している。

「居住支援」としては、グループホームとケアホームをグループホームに一本化し、グループホームの定員規模は家庭的な環境として四～五人を上限とすることを原則とする。提供する支援は住まいと基本的な日常生活上の支援で、必要に応じて外からの「個別生活支援」を活用する。

「施設入所支援」については多様な意見が出されたが、セーフティネット機能の明確化、地域移行のための地域資源整備計画を策定し強力に推進すること、利用者の意向にそった支援を行うこと、本人の意向に基づいて地域移行目標の個別支援計画を策定・実施するとともに、入所者の生活環境の質的向上を進めることとなった。また、新たに多くの入所者が見られることから、施設入所に至るプロセスの検証を行うことも提言された。「地域基盤整備一〇カ年戦略」終了時に、入所施設の位置づけなどについて検証することとされた。

「個別生活支援」（従来の「訪問系サービス」）、とくに「重度訪問介護」を発展させた「パーソナルアシスタンス制度」を創設する。これは対象者を重度の肢体不自由者に限定せず、障碍種別を問わず日常生活全般に常時の支援を要する障碍者（児も含む）を対象とし、通勤・通学、入院時、一日の範囲を越える外出、運転介助にも利用可能とし、制度利用の支援、見守り、精神的安定の配慮等も支援に含める。「移動介護」も「個別生活支援」の一種として義務経費化し、通勤・通学にも使えるようにする。

「コミュニケーション支援及び通訳・介助支援」では、支援は無料とし、盲ろう者への通訳・介助一体型の支援は都道府県事業としている。

「補装具・日常生活用具」では、両者を統合整理し日常生活用具も個別給付とする（「相談支援」については(8)で、「権利擁護」については(9)で紹介）。

なお、「自立支援医療」については、直ちに低所得者の負担をなくす措置をとりつつ、新法に位置づけるものの、将来的には障碍者の医療費公費負担制度の全体的見直しを提言している。

全体的にはサービス体系の整理に検討の中心が置かれ、個々のサービスの細部にわたるあり方についての提言にまでは至らなかった。

意見が分かれたのは入所施設の位置づけと就労支援制度のあり方の二点であった。入所施設についてはとくに重症心身障碍児者の施設の現状について部会メンバーの間の共通理解が不足していることが感じられた。希望に応じての地域移行を進めつつ、改めてその位置づけを検証することで合意した。

就労支援については、可能な限り一般雇用をめざす点では意見の一致はあるものの、福祉サービスとしての就労支援をなくして障碍者の就労支援は雇用行政で行うべきか否かについては意見が分かれた。能力主義・競争主義の雇用行政のもとでは障碍者の働く権利が守られないとの懸念も表明された。この点を含めて多様な働き方のあり方の検証を三年程度かけて行うという提言で合意が得られた。

（5）地域移行――個別地域移行プログラム

「骨格提言」は、まず現状認識を次のように書いている。

「障害者自立支援法において、平成二三年度末までに、身体・知的の施設入所者の一割（一三〇〇〇人）の地域移行と精神科病院からの七二〇〇〇人の退院促進が、地域移行政策の目標として謳われた。だが、退院・退所しても新たに入院・入所する現状がある。」

「地域移行」の定義を「単に元の家庭に戻すことではなく、障害者個々人が市民として、自ら選んだ住まいで安心して、自分らしい暮らしを実現すること」とする。

そして国の一〇割負担の地域移行プログラムと地域定着支援を実施することを提言する。これは本人の希望に基づき、相談や体験機会の保障や地域資源の確保、ピアサポートなどの支援を行い、地域に移行し、その後の定着を確保するものである。

さらに「入所施設・病院の職員がそれぞれの専門性をより高め、地域生活支援の専門職としての役割を果すため、国は移行支援プログラムを用意し、これらの職員の利用に供しなければならない」とし、これらの「職員の」地域移行への支援も行うことを求めている。

「骨格提言」はこの地域移行プログラムを「一人ひとりの状況に合わせて」つくられ、実行されるとしている。ここでの「個別」ということがとくに重要である。これまでの政府の方針は「地域の受け皿を増やして地域移行を促進する。受け皿を増やすために障害福祉計画で数値目標を持って進める」である。この方針は基本的な方向としては正しいが、実際にはこれでは地域移行を効果的に進めることにならない。

第一に、できた地域資源は誰でも利用できるので「地域移行」のために役立つ保障はない。すでに地域で暮らしている人のほうが利用しやすい。

第二に、個別のサービスの種類と量が増えても、それらを足し合わせれば地域移行が可能になるとは限らない。めったには起きない事態も含めての「不安」が解消される必要がある。つまり、病気になったときどうするか、犯罪に巻き込まれたらどうするか、お金の使い方が荒くなったらどうするか……。「どんな事態にも対応してきた家族の機能」が失われ、その機能をもつのは入所施設しかないのでやむなく入所した人々も多い。精神科病院への「社会的入院」も同様な事情である。この機能をはたす「手厚いケアマネージメント」が使えなければ地域移行は進まない。

第三に、地域資源の量だけでなく質が問われていることである。服薬管理や金銭管理ができない人はこのグループホームには入れません、日額制なので毎日通所できる人でないと困ります、など、支援の必要度の高い人が排除される傾向がある。

このような諸事情があるので、障害福祉計画での数値目標を達成して地域移行を、という現行の方針を越えた取り組みが必要とされる。それが個別地域移行プログラムであり、オーダーメイドの計画によってより確実に、より効率的に地域移行を進めることにつながる。必要な支援がなければその人のためにつくり上げる。その計画の達成に向けては自立支援協議会など地域のネットワークの協力が不可欠である。

(6)　地域生活の資源整備——「地域基盤整備一〇カ年戦略」

地域における障碍者福祉のサービス資源の不足と、その地域間格差を解消するための取り組みを提言している。まず「地域基盤整備一〇カ年戦略」(仮称)を国・都道府県・市町村が連携して策定し、とくに資源不足状態にある市町村の底上げを図る。その重点は、(5)で見た地域移行推進のために必要とされる資源、重度障碍者への長時間訪問介護の資源、そしてショートステイ・レスパイト(一時的)支援の資源、そして「医療的ケア」が提供できる事業所の整備である。ここでの数値目標の設定にあたっては、入院者・入所者などへの実態調査を行うことが不可欠としている。

障害福祉計画についても改善を提起している。障害者基本法による国の障害者基本計画の前・後半各五年の期間に合わせて、現行の一期三年を五年とする。上記「地域基盤整備一〇カ年戦略」(仮称)はその最初の二期間と位置づける。その策定過程ではこれまで以上に障碍当事者参加を強め、「とくに知的障害・精神障害やこれまで制度の谷間におかれてきた障害者・難病等の当事者の参加が求められる」とする。さらにその策定・評価は「客観的な調査データを踏まえて行なう。とりわけ地域社会での日常生活や社会参加の実態を障害のない市民のそれとの比較したデータを重視する」として「条約」の考え方を取り入れている。

これらの計画の策定と見直しでは、「地域生活支援協議会」の関与を強めることを提言している。とくに、都道府県単位の地域生活支援協議会については「広域的・専門的な情報提供と助言や市町村障害者福祉計画策定の支援機能を果たすものとする」としている。

（7）利用者負担――原則無償で高所得者は応能負担

二〇一〇年の障害者自立支援法改正（いわゆる「つなぎ法」）で利用者負担は応益から応能に変わり、自立支援法の最大の問題は解消された、などの意見が国会審議でも表明され、小宮山洋子厚生労働大臣（当時）も、それに同意する答弁をしている。しかし基本的な問題が解決していないとの認識から「骨格提言」では第七章として利用者負担問題を取り上げた。

二〇〇六年施行の障害者自立支援法では、第二九条三で「障害福祉サービス費の額は、厚生労働大臣が定める基準額の九割とする」（要旨）とし、第二九条四で「ただし残りの一割の利用者負担が、障害者・児の家計に重すぎる影響を与えるときは、九割以上一〇割以下とする」（要旨）としていた。二〇一〇年の「つなぎ法」で、これらが第二九条三にまとめられ、「障害福祉サービス費の額は、厚生労働大臣が定める基準額から障害者等の家計の負担能力に応じた額（一割を上限とする）を引いた額とする」（要旨）と変更された。自立支援医療費に関する第五八条三もまったく同様な書きぶりに修正された。

政府は「この改正で応益負担から応能負担になった」「低所得者の障害福祉サービスの利用者負担はゼロとなった」、と説明する。たしかに二〇一一年四月から、障害福祉サービスについては低所得者の利用者負担はゼロとなったが、これが法改正によるものであれば、自立支援医療についても低所得者の利用者負担がゼロになったはずである。つまり法律の文言の書きぶりが変わっただけで、その内容、すなわち「一割を上限に家計の負担能力に応じて負担する」仕組みは変わっていない。

障害福祉サービスの利用者負担は低所得者については前述のようにゼロとなったが、市町村民税課税世帯では一割負担が続く。とくに障碍児の場合は親が労働年齢なので負担が大きく、毎月三万円以上負担している世帯も多い。成人でも配偶者に収入がある場合、「月四〇〇〇円の給料袋に九三〇〇円の請求書を入れなければならない」という理不尽なことも報告されている。

以上から理解できるように、低所得者世帯の障害福祉サービスの自己負担上限がゼロとなったのは、法改正によるものというよりは、訴訟とその結果としての「基本合意」などの障碍者運動の影響である。介護保険の自己負担を二割、三割にする議論が起きている中、政府の「家計の負担能力」の解釈次第で、低所得者の負担再開、世帯全員の収入認定再開がいつでも可能な法律のままである。

「骨格提言」では、障碍のない人との平等という観点から、（十分な所得保障を前提に）食材費や光熱水費等の誰もが支払う費用は自己負担で、障碍に伴う必要な支援は原則無償とすべきである、とした。

ただし高額な収入のある者からは収入に応じて負担を求めるとしている。その際、認定する収入は、成人の場合は障碍者本人の収入、未成年の場合は世帯主の収入とし、また介護保険や自立支援医療を含めて「合算方式」とし、現行の負担水準を上回らないとしている。「高額な収入」の考え方として「サービスの利用抑制にならない水準」としている。

このように、「骨格提言」では利用者負担を「原則なし」としつつ、国・自治体の財政難や市民理解の状況から高額所得者は応能負担と提言している。ここで応能負担とすべきかどうかはサービス・支援の性格によっても異なる。骨格提言では、「障害に伴う必要な支援」を六つに区分し、「無償」と「原則無償」と分けている。

①相談や制度利用のための支援（無償）
②コミュニケーションのための支援（無償）
③日常生活を送るための支援や補装具の支給（原則無償）
④社会生活・活動を送るための支援（移動支援を含む）（原則無償）

⑤就労支援（原則無償）
⑥医療・リハビリテーションの支援（原則無償）

①の「相談」は現状でも無償であり、サービス利用以前の相談にもお金がかかることになれば必要な支援につながることが難しくなるためである。

②のコミュニケーション支援は、とくに大切な憲法的権利の保障であるばかりでなく、たとえば、手話通訳を必要とするのは聴覚障碍者だけでなく手話の使えない非障碍者の人々もである。手話通訳は両者にとって必要なのに、聴覚障碍者にだけ費用負担を求めるのは明らかに不公平である。

なお、④について、「ガイドヘルパーの交通費・入場料等は障碍者本人負担の現状をやめ、公的支出か、交通等事業者負担とすべき」（要旨）と提言していることにも注目される。

また、利用者負担に関連して地域移行を妨げる利用者サイドの逆インセンティブの問題がある。つまり、入所施設利用者には手元に月二・五万円を残す「補足給付」があり、家賃負担はない。一方、グループホーム利用者には家賃補助制度が始まり一歩前進といえるが、まだまだ足りない。障害基礎年金に工賃を加えた本人収入では（とくに都市部では）食費・家賃・生活費をまかなえず（わずかな家賃補助では足りず）、結局は家族の仕送りや貯金取り崩しが必要となる場合が多い。家族負担なく本人の手元に小遣いが残る入所施設生活とグループホーム生活の大きな違いであり、アパートでの一人暮らしではさらに差が広がる。こうした家計上の逆インセンティブのもとでは地域移行は進まない。

(8) 相談支援――重層的相談支援システム

相談支援に関する「骨格提言」の現状認識は、「市町村格差が大きい」うえに、「問い合わせや情報提供といった『一般相談』をイメージした体制整備にとどまり、具体的な生活を支援するための踏み込んだ訪問相談や同行支援、継続的な支援を行うことが難しい状況にある。このような現状にあるため障害者本人中心の相談支援が定着しておらず、障害者本人及び家族から相談支援は頼りにならず不要であるとさえ指摘されることもあり、新たな地域相談支援体制の構築が必要である」と厳しく見ている。

そしてすべての障碍者・疾病患者や家族などに対して、福祉以外を含めて総合的に、またワンストップで、かつ継続的なコーディネートも含んだ相談支援が必要だとする。とくに障碍児の相談では、「気になる」時期（障碍が特定されない段階）からの相談が重要だとする。さらに相談を通じて出てきた課題に対応する「新たな支援体制の開発」にも貢献するのが相談支援であるとする。

そのために「地域相談支援センター」「総合相談支援センター」、より広域の「特定専門相談センター」など重層的な相談支援センター（事業所）を配置したシステムをつくり、一般的な相談とともに、希望に応じて「本人中心支援計画」「サービス利用計画」を作成する。また一定エリアごとに一カ所以上の割合でピアサポート体制をそなえた「エンパワメント支援事業」も整備する。

それらの相談支援事業所は、市町村行政やサービス事業所からの独立性を確保する。また現状では相談支援の体制や質の面で自治体間格差が大きいので、義務経費の対象とし、かつ基本は出来高払いではない運営費の保障を提言している。

そしてこれらの相談支援を行う相談支援専門員のあり方について「相談支援専門員の基本理念は、すべての人間の尊厳を認め、いかなる状況においても自己決定を尊重し、当事者（障害者本人及び家族）との信頼関係を築き、人権と社会正義を実践の根底に置くことである」とする。

このほか、相談支援専門員については、役割、業務、研修などを詳しく提言している。

(9) 権利擁護——オンブズパーソン制度の創設

権利擁護とは、差別や虐待などの権利侵害の予防や救済だけでなく、サービスの申請から相談支援、支給決定、サービス利用、不服申し立てのすべてにわたるプロセスに対応するエンパワメントの活動とする。

相談支援自体にも権利擁護機能はあるが、さらに独自の体制で行われる権利擁護対策を提言している。とくに障碍当事者を含む権利擁護サポーター等の第三者が訪問による権利擁護を行う制度（オンブズパーソン制度）を設けることとしている。このオンブズパーソンは、障碍者の求めに応じて、施設や病院にも、グループホームや自宅や職場にも訪問して権利擁護活動を行う。

(10) 報酬と人材確保——日払いと月払いの統合

この面での基本理念について、まず次のように述べている。「障害福祉の報酬水準は、障害者の人権の価値評価、尊厳の水準と連動している。障害福祉を実践する人材が枯渇し自らや家族の生活の維持さえ危ぶまれるような状況であればこの国が障害者の人間としての基本的価値を蔑んでいることを意味する」。

若い職員がライフワークとしてこの仕事を選べるような、専門的な支援の性格を反映した待遇でなければ、障碍者への支援の質が確保できないとの考えである。賃金水準は年齢別賃金センサスの全国平均を下まわらないようにし、それを可能にする事業所への報酬を求めている。

施設やグループホームなどの事業者への支払い方式について、「日額制か月額制か」が大きな論点であったが、その結論はそれを「組み合わせる」としている。具体的には、「利用者個別給付報酬」（利用者への個別支援に関する費用）と「事業運営報酬」（人件費・固定経費・一般管理費）に大別し、おおむね前者を二割、後者を八割程度とし、前者を日額、後者を月額とするとしている。ただし施設全体の六カ月の平均利用率を次の六カ月間の月額算定に使い、低い利用率であれば報酬減とするなど、細かい工夫も提言している。

訪問介護などの訪問系サービスは当然「時間割」の報酬を継続する。

また低い報酬単価と連動している「常勤換算」（専任を置かなくても、非常勤の勤務時間を合計すれば職員体制基準を満たしているとみなす制度）については廃止とし、基本的に常勤職員で支援できるようにしている。支援の質を確保するためである。

(11) 国・自治体の財政負担構造

障害者自立支援法の第一条（目的）では、「障害者基本法の基本理念にのっとり……自立した日常生活又は社会生活を営むことができるよう」に支援を提供することとされ、二〇一二年六月の「障害者総合支援法」への改正で、この「自立した」が（自己責任と「誤解」されるおそれがあるとして）「基本的人権を享有する個人としての尊厳にふさわしい」に修正された。

しかし、目的や理念の条文の美しい言葉とは対照的に、裁量経費、国庫負担基準、実際の市町村負担、障碍（者）の範囲、利用者負担、障碍程度区分、日額制、報酬単価、介護保険統合への仕組み、諸要素を「勘案」して支給決定するとするのみでナショナルミニマムの規定を欠くこと（市町村の過大な裁量幅）、国・自治体の責任で社会的入院・社会的入所の状況にある障碍者の意向を直接聞いて必要な支援をケアマネージメントする仕組みの不在、など、何重もの国庫負担軽減策が仕組まれており、障害者自立支援法（およびその継続の障害者総合支援法）の「主要な目的」は「財政コントロール」であると判断せざるをえない。もちろん無駄遣いをしない配慮は是非とも必要であるが、あくまでも主要な目的は障碍者の尊厳ある社会生活のための支援の提供であり、この目的より「財政コントロール」を優先させ主客を逆転させたことに障害者自立支援法の最大の問題があった。

こうした「財政コントロール装置」を残したままでは必要な支援は提供できない。二〇一一年から一二年にかけて「骨格提言を尊重した法制度の改革」を要望した地方自治法に基づく地方議会の意見書は二二四に上ったが、その意見書のほとんどは要望事項の二番目に「市町村への財政支援の充実」を求めていた。市町村が障碍者の支援ニーズに対応する財政問題を大きな課題としていることの反映である。

「多様な財政コントロール装置」の中で、すでに障碍（者）の範囲(2)、障害程度（支援）区分(3)、利用者負担(7)、日額制(10)、などについてはこれまでの各項で見てきた。本項では「国・都道府県・市町村の財政負担構造」に関する「骨格提言」の内容を取り上げる。

第一に、「裁量的経費」の中の重要部分を「義務的経費」とすることである。

(4)「支援（サービス）体系)」でふれたように、手話通訳の派遣や移動支援などを含めた地域生活支援事業のサービスについては、サービスを実施する市町村が使った費用に対して国は二分の一以内、都道府県は四分の一以内を「予算の範囲内において」「補助することができる」とされる、いわゆる「裁量的経費」となっている（障害者総合支援法でも同じである）。このため市町村の「持ち出し」が大きくなり、相談支援や移動支援などの市町村格差が著しくなっている。この地域生活支援事業にはコミュニケーション支援事業などの「必須事業」が定められているが、かなりの市町村で未実施である。必須事業なら義務的経費にすべきである。

「骨格提言」では重要なものはすべて「義務的経費」の対象とするとしている。実質的には、地域生活支援事業の廃止と「障害福祉サービス」への一元化といえる。市町村が必要に応じて支給決定すればその費用の四分の三は確実に国と都道府県が負担してくれる制度にすることになる。

第二に、「義務的経費」であるはずの「障害福祉サービス」でも、現行では国と都道府県が四分の三負担してくれる保障はない。それは訪問系サービス（重度訪問介護と居宅介護等）については、障害程度区分ごとの「国庫負担基準」が定められ、それ以上の国・都道府県の負担はないからである。

政府の説明は、この基準はほとんどの自治体の支給実績の水準を超えるものであること、個々の障碍者の支給量の基準ではなく、その市町村の障害程度区分ごとの人数に応じて市町村に支給される負担金の基準であり、実際の支給は基準を上回る人も下回る人もいるのでその平均が国庫負担基準を下回ればよいこと、なおかつ特別に多くのサービスが必要な市町村には補助制度も設けていること、不足する国の予算を全国に公平に配分するために必要な上限管理であること、などである。

しかし市町村の立場では、その市町村内の公平性の確保のためにも同様なニーズのある人には同様に支給せざるをえず、ばらつきがあっても平均が基準以下ならよいとの運用は難しい。結局は国庫負担基準が上限となる。この基準ではたとえば障害程度区分六の場合でも二四時間の介護を支給すれば費用の三分の二程度を市町村が負担することになる。

「骨格提言」では国庫負担基準を廃止し、実質的な義務的経費とするとしている。

第三に、「骨格提言」第Ⅲ部第四章「財政のあり方」で、病院や施設から地域移行する障碍者や、長時間介護を要する障碍者に対する市町村の負担を軽減する仕組みを工夫することを提案している。

たとえば、精神科病院からの退院患者は出身地ではなく病院周辺の市町村で生活することが多く、その市町村の負担が大きくなるので、出身市町村と八分の一ずつの負担とすることを提案している。また、長時間介護の財政責任の比重を都道府県にシフトするため、一日八時間を超えた部分の介護費用は市町村五%、都道府県四五%とし、逆に八時間以下の部分については市町村二六%、都道府県二四%とすることも提案している。

(12) 関連分野——就労・医療・障碍児支援

「骨格提言」では、障害者総合福祉法に盛り込むべき事項とは別に、関連領域の法制度について第Ⅲ部で提言している。

「就労」関連では、障害者雇用促進法を改正し差別禁止や合理的配慮を規定する、雇用率制度の対象をすべての障碍者とする、納付金制度を見直す、雇用・就労にかかわる多様な取り組みの検証事業（パイロットスタディ）を実施する、などを提言した。

このパイロットスタディでは、就労継続支援事業所（雇用契約を結ぶA型、雇用契約を結ばずに利用するB型の両者）、滋賀県・札幌市・大阪府箕面市をはじめとする地方公共団体独自の障碍者雇用の場や補助制度による事業所など、八〇カ所程度を検証し、多様な働き方の制度化を検討するとしている。

「医療」関連では、「病気を治す医療」偏重から「地域における障害者の生活を支える医療」への転換、障害者医療費公費負担制度の見直し、国・都道府県による精神科病床削減計画の策定、保護者制度に代わる人権擁護制度の確立の検討、などを提言している。

医療費公費負担制度の見直しでは、自立支援医療制度のみならず、特定疾患治療研究事業、小児慢性特定疾患治療研究事業、高額療養費制度、都道府県の重度心身障害児者医療費助成制度等を総合的に検討の対象とする。

「障碍児支援」では子どもの最善の利益の尊重の原則が守られるようオンブズパーソンなどの権利擁護システムを設けること、保育所や学童クラブなどの利用にあたって障碍児を排除しないように応諾義務を課すこと、障碍が特定されない時期から地域の身近な場所で相談支援を提供すること、児童発達支援センターが地域支援の中核となるように機能を拡充すること、などを提言している。

「骨格提言」の「おわりに」では、まず「ある社会がその構成員のいくらかの人々を閉め出すような場合、それは弱くもろい社会である」（一九七九〔昭和五四〕年に国連総会で決議された国際障害者年行動計画の一文）を引用している。「骨格提言」がめざすのは、とりもなおさず、この「弱くもろい社会」からの脱却であり、「障害の有無にかかわらず国民が分け隔てられることのない共生社会」の実現である。そしてこの提言が「誰もが排除されることなく社会的に包摂される、本当に豊かな社会づくりに寄与するものである」との確信を述べている。

三〇年余り前の国連の「行動計画」は「宣言」であったが、障害者権利条約は「条約」として締約国が遵守すべき「法令」である。福祉分野でこの「条約」に整合する制度をあらゆる立場の関係者が検討し合意に至ったものが「骨格提言」である。

ここには技術的にさらに検討を要する事項や、支援職員の養成・研修の必要な事項、財政面の見積もりと確保が必要な事項なども含まれており、すべてを直ちに実行することはできない。しかし多数の社会的入院者の存在など放置できない問題も多く、できるだけ早期に、「計画的・段階的に」実施する決意を政府や国会が固めることが重要である。

第2章

障害者総合支援法の課題

第14回「総合福祉部会」(2011年5月31日)。
9つの作業チームに分かれての討議も行われた。

二〇〇六年度から施行された障害者自立支援法は、二〇一〇年に利用者負担の表現の変更、相談支援の強化、グループホームへの家賃助成、同行援護（視覚障碍者の移動支援）の創設など一部改正がなされた。その過程で自立支援法違憲訴訟、政権交代、「制度改革」が始まり、二〇一一年八月には「障害者総合福祉法の骨格に関する総合福祉部会の提言」（以下「骨格提言」）が生まれた。そしてこの「骨格提言」を「ふまえた」（と政府がいう）障害者自立支援法の一部改正＝障害者総合支援法（障害者の日常生活及び社会生活を総合的に支援するための法律）が成立（二〇一二年六月）、二〇一三年四月から施行されている。

表２‐１に見るように似た法律名がいくつも登場してきたが、実際に成立・実施されたのは「障害者自立支援法」と「障害者総合支援法」であり、「障害者総合福祉法」は「障がい者制度改革」の中で出された「提言」である。

障害者総合支援法は障害者自立支援法と同じ法律番号（平成一七年法律第一二三号）で、一部の条文を改正し改題したものである（この点ですでに、「障害者自立支援法の廃止と新法の実施」を約束した「基本合意」に違反している）。

その改正部分は実施の時期によって三つに区分される。

第一は二〇一三年四月施行の事項で、①題名が通称「障害者総合支援法」となった、②基本的人権の享有、個人としての尊重など「基本理念」が設けられ、③法対象に一部の難病による障碍

表 2-1　関連の法律名

2005 年	障害者自立支援法 成立
2006 年	障害者自立支援法 実施
2010 年	同法一部改正（＝「つなぎ法」，「応能負担化」，相談支援強化，グループホーム家賃助成，同行援護，障害児福祉など）
2011 年	障害者総合福祉法への骨格提言
2012 年	障害者総合支援法 成立（自立支援法一部改正）
2013 年	障害者総合支援法 実施

者が加わり、④地域生活支援事業に障害者理解促進のための啓発事業などが追加され、⑤障害福祉計画は生活実態をふまえて策定・検証することとした、等である。

第二は二〇一四年四月施行の事項で、①「障害程度区分」を「障害支援区分」に改め、②重度訪問介護の対象を重度の知的障害者や精神障碍者にも拡大し、③ケアホームとグループホームを一元化し、④地域移行支援の対象者を矯正施設退所者等にも拡大した。

第三は施行（二〇一三年四月）後三年をめどに検討する事項で、常時介護を要する障碍者等に対する支援、障碍者等の移動の支援、障碍者の就労の支援のあり方など一〇の事項を定めている。

この障害者総合支援法についての厚生労働省の説明は次のようなものである（要約）。これは参議院厚生労働委員会での小宮山洋子厚生労働大臣（当時）の提案理由の説明やその後の質疑の中で繰り返し答弁されたことの概要であり、衆議院でも同様であった(1)。

(1) 第一八〇回国会、参議院厚生労働委員会議事録、第八号、二〇一二年六月一九日

「総合福祉部会の骨格提言は、障害当事者の様々な思いが詰まった本当に重いものだと思っている。基本理念の創設やグループホームとケアホームの一元化など直ちに対応が可能なものは今回の新法にできるだけ盛り込んだ。一度に実現できればよかったが、財政問題等があり検討に時間が必要なものは三年をめどに検討することとした。骨格提言は段階的、計画的に実現してゆきたい。附則の検討規定に必ずしも明記されていない事項であっても骨格提言や国会での議論に基づいて検討したい。その検討にあたっては障害当事者、家族、関係者の声を踏まえる。」

本章では、障害者総合支援法がこの政府説明のように本当に「骨格提言」を最大限盛り込んだものであるかどうか、詳しく比較・検証する。なお、政府提出の法案は国会で一部修正されて成立したが、ここでの比較は修正後の成立した法律との比較とする。

1　内容面の総括的比較

次節でやや詳しく比較する前に、「骨格提言」と総合支援法の比較を全体として概観しておく。

障害者自立支援法の廃止後に制定されるべき障害者総合福祉法のあり方について、一〇章六〇項目に整理して提言したのが「骨格提言」の第Ⅰ部であり、表２－２はその項目ごとに障害者総合支援法にどの程度反映されているか比較したものである。

なおこの表は法案が国会に上程された後、審議が始まる前の二〇一二年四月に「元総合福祉部会長　佐藤久夫」名で公表した比較表をベースに作成したもので、○△×の評価結果はそのときとほぼ同じである。ただしその後、（障害福祉計画の部分など）国会修正があったので一部評価を変更した。

表２－２に見るように、○「不十分ながら骨格提言を取り入れている事項」は全六〇項目中二つにすぎない。それは「法の目的」（理念規定の改善と合わせて）と「障害福祉計画」である。ついで△「検討されたが内容不明確又は非常に不十分な事項」は二〇項目であった。そのうち六項目は三年をめどに検討するという検討規定に含まれたものであり、現時点では「骨格提言」が反映される保障はないので△とした。残りの三八項目は×「全く触れられていない事項」であった。

「骨格提言」第Ⅰ部の一〇章は、細かく表題を分けた章と一つにまとまった章とがあるので、この表の○×△の数の分布が正確に反映度を示すものではないが、三分の二ほどの項目がまったく取り上げられてもおらず、検討規定に明記もされていないことはきわめて深刻な事態といえる。

分野別に概観すると、目的や理念、障碍者の範囲、支援（サービス）体系、資源整備（障害福祉

表 2-2　障害者総合福祉法の骨格提言と障害者総合支援法との比較表

○　不十分ながら骨格提言を取り入れている事項	2 /60
△　検討されたが内容不明確又は非常に不十分な事項	20/60
×　全く触れられていない事項	38/60

骨格提言第Ⅰ部　表題一覧表			骨格提言とのギャップ
1　法の理念・目的・範囲			
1	前文	×	前文は設けられていない。
2	法の名称	△	名称は「障害者総合福祉法」ではない。
3	法の目的	○	完全ではないが理念規定と合わせてある程度反映された。
4	法の理念	△	理念規定が新設されたが「支援を受ける権利」は不明記。
5	地域で自立した生活を営む基本的権利	△	地域生活のための諸権利が明記されていない。
6	国の義務	×	骨格提言が設けるべきだとした規定が明記されていない。
7	都道府県の義務	×	
8	市町村の義務	×	
9	基盤整備義務	×	
10	国民の責務	×	
11	介護保険との関係	×	介護保険との関係は検討されていない。
2　障害(者)の範囲			
12	法の対象規定	△	難病の一部が対象に加わったが谷間は解消されていない。
3　選択と決定(支給決定)			
13	支給決定の在り方	△	障害程度区分を含めた支給決定について検討するとされたが骨格提言を尊重する保障がない。
14	支給決定のしくみ	△	

15	サービス利用計画	×	内容が反映されていない。
16	「障害」の確認	×	
17	支援ガイドライン	×	
18	協議調整	×	
19	合議機関の設置と機能	×	
20	不服申立	×	
4　支援(サービス)体系			
21	支援体系	×	内容が反映されていない。
A．全国共通の仕組みで提供される支援			
22	就労支援の仕組みの障害者総合福祉法における位置づけ	△	障碍者の就労の支援について検討するとされたが骨格提言を尊重する保障がない。
23	①デイアクティビティセンター	×	内容が反映されていない。
24	②日中一時支援，ショートステイ	×	
25	グループホーム・ケアホームの制度	△	一元化はなされるが小規模化がなされない。
26	施設入所支援	×	内容が反映されていない。
27	①重度訪問介護の発展的継承によるパーソナルアシスタンス制度の創設	△	重度訪問介護の対象が拡大され，また検討規定で，常時介護を要する障碍者等に対する支援について検討するとされたが骨格提言を尊重する保障がない。
28	②居宅介護(身体介護・家事援助)の改善	△	グループホームでの利用以外の改善がない。
29	③移動介護(移動支援，行動援護，同行援護)の個別給付化	△	障碍者等の移動の支援について検討するとされたが骨格提言を尊重する保障がない。
30	コミュニケーション支援及び通訳・介助支援	△	検討規定で，意思疎通支援について検討するとされたが骨格提言を尊重する保障がない。
31	補装具・日常生活用具	×	内容が反映されていない。
B．地域の実情に応じて提供される支援			

32	市町村独自支援	△	地域間格差を生まないための財政面の仕組みについて，改善の方向性が示されていない。
C．支援体系を機能させるために必要な事項			
33	医療的ケアの拡充	×	内容が反映されていない。
34	日中活動等支援の定員の緩和など	×	
35	日中活動等支援への通所保障	×	
36	グループホームでの生活を支える仕組み	△	ヘルパー利用が可能になることでグループホームの報酬が減額になる等，運営の安定の担保がない。
37	グループホーム等，暮らしの場の設置促進	×	内容が反映されていない。
38	グループホーム利用者への家賃補助等	×	「つなぎ法」で創設された家賃補助の法定化，補助額充実，一般住宅への拡大がない。
39	シームレスな支援と他分野との役割分担・財源調整	×	内容が反映されていない。
5　地域移行			
40	「地域移行」の法定化	×	内容が反映されていない。
41	地域移行プログラムと地域定着支援	×	
6　地域生活の資源整備			
42	「地域基盤整備10カ年戦略」（仮称）策定の法定化	△	「提供体制の確保に係る目標」が定められたが，骨格提言の直接の反映はない。
43	障害福祉計画	○	障碍当事者参加，生活実態に基づく策定・評価など。
44	地域生活支援協議会	△	当事者・家族参加は明示されたが，障害福祉計画との関連が規定されていない。

7　利用者負担			
45	利用者負担	×	収入認定に配偶者と子どもが含まれる点や，自立支援医療負担の改善が見送られた。
8　相談支援			
46	相談支援	×	内容が反映されていない。
47	相談支援機関の設置と果たすべき機能	△	エンパワメント支援，ピアサポート，ワンストップの相談等，十分には反映されていない。
48	本人(及び家族)をエンパワメントするシステム	×	内容が反映されていない。
49	相談支援専門員の理念と役割	△	「障碍者の立場に立って」は規定されたが，弱い。
50	相談支援専門員の研修	×	内容が反映されていない。
9　権利擁護			
51	サービスの希望者及び利用者の権利擁護制度	△	成年後見関係の事業が追加されたにとどまる。
52	第三者の訪問による権利擁護(オンブズパーソン)制度	×	内容が反映されていない。
53	権利擁護と虐待防止	×	障害者虐待防止法と相まって福祉法でも取り組むことを骨格提言は求めていた。
54	サービスに関する苦情解決のためのサポート	×	内容が反映されていない。
10　報酬と人材確保			
55	報酬と人材確保の基本理念	×	内容が反映されていない。
56	報酬における基本的方針と水準	×	
57	報酬の支払い方式	×	
58	人材確保施策における基本的視点	×	
59	福祉従事者の賃金における基本的方針と水準	△	労働関係で罰金刑を受けた事業者を指定しないというだけでは労働条件を確保できない。
60	人材養成	×	内容が反映されていない。

計画）などで「骨格提言」を一部反映させ、支給決定、地域移行、利用者負担、権利擁護、報酬と人材確保などではほとんど無視したといえる。

次節でより詳しく検討する。

2　事項別の比較

「骨格提言」は一〇章に分けて障害者総合福祉法の内容を提起しているが、ここではそれぞれについて障害者総合支援法との比較をする。加えて、「骨格提言」では各所で扱われている「国・自治体の財政負担構造」について、⑾で取り上げる。

⑴　法の理念・目的・範囲

①障害者総合支援法

障害者自立支援法第一条（目的）の「自立した日常生活又は社会生活を営むことができるよう」の「自立した」の部分を「基本的人権を享有する個人としての尊厳にふさわしい」に変更した。「自立」が「自助」「自己責任・家族責任」と理解されることがあることへの懸念が総合福祉部会でたびたび表明されたことの反映である。

また、障害者自立支援法を廃止し新法を作ったという印象を与えるべく法律名を変えたが、法律名から除いた「自立」が第一条に残っているのは具合が悪い、という事情もあったと思われる。

次に第一条の二（基本理念）を新設した。

「障害者及び障害児が日常生活又は社会生活を営むための支援は、全ての国民が、障害の有無にかかわらず、等しく基本的人権を享有するかけがえのない個人として尊重されるものであるとの理念にのっとり、全ての国民が、障害の有無によって分け隔てられることなく、相互に人格と個性を尊重し合いながら共生する社会を実現するため、全ての障害者及び障害児が可能な限りその身近な場所において必要な日常生活又は社会生活を営むための支援を受けられることにより社会参加の機会が確保されること及びどこで誰と生活するかについての選択の機会が確保され、地域社会において他の人々と共生することを妨げられないこと並びに障害者及び障害児にとって日常生活又は社会生活を営む上で障壁となるような社会における事物、制度、慣行、観念その他一切のものの除去に資することを旨として、総合的かつ計画的に行わなければならない。」

ここでは、主語である「支援」がどのように行われるべきであるかを、四つの側面から規定している。第一に「理念」で「……との理念にのっとり」とし、第二に「目的」で「……する社会を実現するため」とし、第三に「旨とすべき三つの事項」を掲げ、第四に「総合的かつ計画的に」としている。「旨とすべき三つの事項」とは、A．身近な場所での支援により社会参加機会を確保、B．選択の機会の確保と地域での共生、C．社会的障壁の除去である。要するに、「支援」は、……という理念にのっとり、……という目的のために、ＡＢＣの三つを旨として、総合的・計画的に行われる、という規定である。

二〇一二年三月の法案の閣議決定前後に大きな問題となったのが「可能な限り」の語であった。これは第三の「旨とすべき三つの事項」の最初の位置にあり、三つの事項のうちAだけにかかるのか、三つすべてにかかるのか不明である。Aだけにかかる場合でも、「身近な」にかかるのか、「受けられる」や（社会参加の機会が）「確保される」にもかかるのかわかりにくい。「身近な」にのみかかるのであればほとんど「意味不明」であり、（社会参加の機会が）「確保される」にかかるのであれば「社会参加の機会が可能な限り確保される」とすべきであり、ＡＢＣ全体にかかるのであれば、「可能な限り旨とする」となってしまう。

問題とされたのは「可能な限り」を「予算がないのでできなくても仕方がない」という意味でとらえられては困るということであったが、最終的には厚生労働省が「可能な限りその身近な場所において」という意味だと説明することとなった。(2)

②比較

基本的人権、共生社会の実現、すべての障碍者及び障碍児、社会参加の機会の確保、どこで誰と生活するかについての選択の機会、障壁の除去、総合性と計画性など、障害者基本法や「骨格提言」に沿った内容を盛り込んだ点は評価できる。

しかし「骨格提言」が示す基本理念は、「平等に地域で生活するために必要とされる支援を権利として保障する」であるが、総合支援法はそれを無視し、用心深く「権利」という言葉を避けている。地域生活や社会参加を推進するためにできるだけ支援を提供するが、障碍者がそれを権利として請求できるものとはしないということであろう。

なお「自立した」の削除の理由が、その概念が好ましくないか曖昧であるということであれば他法の見直しも必要であり、自立支援法の廃止の印象を持たせようとするのであればあまりにも姑息と批判されよう。

また本書第1章第4節（1）で紹介したように、「骨格提言」は介護保険対象年齢になっても必要な支援が継続されることを求めている。しかし総合支援法はその点についてなにも改正せず、そのため自己負担の発生、支援の中断・変更や質の低下、市町村間の対応の違い、提訴事例の増

（2）　厚生労働省「地域社会における共生の実現に向けて新たな障害保健福祉施策を講ずるための関係法律の整備に関する法律について」、厚生労働省ウェブサイト、障害者福祉＞障害者総合支援法が施行されました＞法律の事項別概要 http://www.mhlw.go.jp/seisakunitsuite/bunya/hukushi_kaigo/shougaishahukushi/sougoushien/dl/sougoushien-06.pdf（二〇一五・三・九閲覧）

加など、問題が深刻化している。

(2) 障碍(者)の範囲

①障害者総合支援法

「障害者の定義」の追加として、「……並びに治療方法が確立していない疾病その他の特殊の疾病であって政令で定めるものによる障害の程度が厚生労働大臣が定める程度である者であって十八歳以上であるもの」とした。十八歳未満についても児童福祉法改正で同様の規定とした。つまり、政令で定める病気により、大臣告示で定める程度の障碍のある者も対象となった。二〇一三年四月の実施前に出された政令では「1. IgA腎症、2. 亜急性硬化性全脳炎、3. アジソン病、……129. リンパ管筋腫症、130. レフェトフ症候群」の一三〇疾患を指定し、告示では「継続的に日常生活又は社会生活に相当な制限を受ける程度」とされた。

この一三〇疾患は二〇一二年度まで実施されてきた「難病患者等居宅生活支援事業」の対象疾患であり、難病医療費助成の対象(五六疾患)より広い調査研究事業の対象疾患である。二〇一四年には難病(医療)法が成立し、難病対策を「要綱事業」から「法定事業」に格上げし、難病医療費の助成対象を現行の五六疾患から二段階で三〇〇程度に拡大することが予定されている。障害者総合支援法の対象疾患も一三〇から少なくとも三〇〇程度には近い将来に拡大する予定とされている。

こうして（身体障害者）手帳を持たない難病患者で福祉サービスの支援を求める人が二〇一三年四月から、障害者総合支援法のサービスを申請できることとなった。「障害福祉サービス」を受けた「難病等対象者」は厚生労働省ウェブサイト（障害者福祉→統計情報〔障害福祉サービス等の利用状況について〕）によれば、二〇一三年四月、一五六人、五月、二〇四人、六月、二七〇人と徐々に増え、二〇一四年三月には七七六人と報告されている。難病患者数の全体からすればごく一部にすぎないが、「要綱事業」の時代の利用者の倍程度には増えており、法律によりすべての市町村で支援するようになった効果が現れはじめている。

②比較

身体障害者手帳がなくても「政令で定める特殊の疾病」のある者に障碍者福祉のサービスを提供することとなったことは、歴史上初めてのことで、大きな進展といえる。

しかしなお、障碍・疾患の種類や程度で対象を制限する医学モデルの枠内でのことである。日本の障碍者福祉は、まず視覚障碍、聴覚障碍、肢体不自由を対象とし、その後知的障碍、いくつかの内部障碍、精神障碍など、列挙する対象障碍を少しずつ増やしてきたが、今後は「特殊の疾病」という区分の中の疾患名リストを医学の進歩に合わせて増やしてゆくということである。

総合支援法では、五〇〇〇種類とも七〇〇〇種類ともいわれる多くの難病の中から、診断基準が明確でかつ希少性の高い一部の疾患（とりあえず一三〇疾患）を対象とするが、これでは依然として「谷間の障碍・疾患」が残ることになる。つまり診断基準が確立されていない疾患、専門医を受診できず確定的診断がない患者などが取り残される。

診断基準の未確立も、専門医の少なさも、いずれも個々の患者の責任ではない。いかなる種類と程度の障碍・疾患であれ、それに伴い継続的に生活の支障があり支援を必要とする人に対して、公平・平等に支援するべきである。「骨格提言」では支援ニーズの有無の評価こそ重要であり、その前段階の「障碍の証明」で高いハードルを設けるべきではないとする。そこで医師の診断書に限定せずその意見書で受け付けることや、機能障碍に詳しい医師以外の専門職の意見書で受け付けることなどの提案をしている。市町村での判断が難しい場合には、都道府県の更生相談所のチームでの評価を組み込む方法も考えられる。

この難病・慢性疾患患者は放置されてきた「谷間の障碍」の中でとくに重要な部分である。そのため「骨格提言」は「慢性疾患に伴う機能障害」も障碍者の定義の中に明記して、慢性疾患に伴う機能障碍は障碍ではない（病人であれば障碍者ではない）とする誤った理解による漏れが発生しないように提言した。

しかし「谷間の障碍」はそれだけではない。中・軽度の聴覚障碍や知的障碍・発達障碍などで障害者手帳のない人々のことは総合支援法では考慮もされていない。

障害者手帳の対象が狭すぎて必要な支援（補装具としての補聴器の給付）がなされず、自治体レベルの独自事業でとりあえず対応している例がある。加藤碩[3]によれば、親たちの運動を背景に、身体障害者手帳を取得できない一八歳未満の難聴児を対象に、一〇万円程度の補助基準額を定め、府県・市町村・本人が三分の一ずつ負担する制度が近年急速に広がり、二〇〇六年までに二府県、二〇一〇年に二県、一一年に三県、一二年に四県と広がっている（二〇一三年一一月には合計一六府県と一一政令指定都市、一〇数市町とされる）。

医学モデルを脱却し、障碍・疾患に伴う支援ニーズのある人はすべて対象とするという「骨格提言」の方向を本格的に追求する必要がある。部分的な「対処」ではなく普遍的網羅的な制度への転換が求められている。

（3）選択と決定（支給決定）

①障害者総合支援法

「選択と決定（支給決定）」に関する総合支援法の対応は、障害程度区分の名称と定義の変更と、附則の検討規定での検討の二点である。

前者については次の変更がなされた（傍線が変更点）。

〈自立支援法〉この法律において「障害程度区分」とは、障害者等に対する障害福祉サー

（3）加藤碩、二〇一二「全国に一気に広がった『軽度・中等度難聴児への補聴器購入助成制度』」『ことば』二六二、一〇-一一

ビスの必要性を明らかにするため当該障害者等の心身の状態を総合的に示すものとして厚生労働省令で定める区分をいう。

〈**総合支援法**〉この法律において「障害支援区分」とは、障害者等の障害の多様な特性その他の心身の状態に応じて必要とされる標準的な支援の度合を総合的に示すものとして厚生労働省令で定める区分をいう。

要約すると「障害福祉サービスの必要性を明らかにするために心身の状態を示す区分」を、「障害の特性その他の心身の状態に応じて必要とされる標準的な支援の度合いを示す区分」に変更した。いずれにせよ「心身の状態から導かれる支援の必要性の区分」である点には変化なく、その違いがわかりにくい。むしろ「障害の特性」という定義抜きの語句が加わり、また、法が明確に定義する「障害福祉サービス」が定義なしの「支援」に変更され、一層意味不明のものとなった。

一方、障害者総合支援法施行（二〇一三年四月一日）後三年をめどとして検討を加えて必要な措置を講ずる、とされる「検討規定」の一つとして「障害程度区分の認定を含めた支給決定のあり方」があげられた。

②比較

「骨格提言」では、障害程度区分を使わず、市町村の「支援ガイドライン」に基づくニーズ評価と支援内容の検討を行う。本人中心に作成されたサービス利用計画と食い違う支援内容案の場合には本人と協議調整を経るなど全体で六段階の手続きを提言している。この点はまったく反映されていない。

「検討規定」の検討を通じて反映される可能性はあるが、二〇一四年四月から「障害程度区分」は「障害支援区分」として実施されることから、厚労省は検討するとはしつつもこの「区分」についての見直しはほとんど念頭にないと思われる。

（４）支援（サービス）体系

①障害者総合支援法

全体の枠組みの見直しはなく、四つのサービスメニューの改善が図られた。

第一に重度訪問介護の対象拡大（重度肢体不自由者に加えて、重度の知的障碍者や精神障碍者も含める）、第二にケアホームのグループホームへの一元化、第三に地域移行支援の対象拡大（矯正施設などからの退所者も対象に）、第四に地域生活支援事業の追加である。この追加された地域生活支援事業には市町村の必須事業として、理解促進研修・啓発事業、自発的活動支援事業、手話奉仕員養成研修事業など、また都道府県の必須事業として、意思疎通支援を行う者の派遣に係る市町村相互間の連絡調整事業などがある。

②比較

「骨格提言」では、移動支援・コミュニケーション支援・相談支援など重要な支援はすべて国・都道府県の義務的経費事業とし、サービス体系を目的別に九区分に整理（シンプル化）しているが、総合支援法は現行制度の枠組みに手を付けていない。「骨格提言」でのシンプル化は、たとえば日中活動の場については「障害者就労センター」と「デイアクティビティセンター」の二種類とし、移動支援についても一つにまとめるとしている。細分化するとどうしてもそれぞれの数が少なくなり身近なところでの利用が困難となるので、利用者の利便性を考えて、できるだけ一カ所で多様なニーズに対応できる制度とする。サービスに合わせて利用者が移動するのでなく、できるだけ利用者の近くにサービスが出向くことを考える。これに伴い職員体制や事業所報酬などに当然工夫が必要とされる。

また、就労支援、移動支援、意思疎通支援など多くの事項が「検討規定」に入っており、国会答弁などでは「骨格提言」をふまえて検討したいとは約束されているものの、その保障は不明確である。

(5) 地域移行

①障害者総合支援法

地域移行支援の対象として、これまでの障害者支援施設や精神科病院からの地域移行者に加えて厚生労働省令で定めるものが追加され、省令では保護施設、刑事収容施設、更生保護施設などからの地域移行者が指定された。

②比較

「骨格提言」では、社会的入院や本人の希望に反しての長期施設入所は人権問題であり、国の政策上の責任が大きいとの考えから、国の一〇割負担で地域移行プログラムを実施するとしている。これは本人の希望に基づき、相談や体験機会の保障や地域資源の確保、ピアサポートなどの支援を強力に行うものである。総合支援法ではこのような実効性のある支援となっていない。施設・病院任せにせず、国の財政的・政策的責任を明確にし、都道府県・市町村が本人の意向をふまえた相談支援・ケアマネージメントを実施する必要がある。

（6）地域生活の資源整備

①障害者総合支援法

市町村・都道府県の障害福祉計画とそのための国の基本指針に関連していくつかの改正がなされた。主な点は次のとおり。

第一に、市町村は、その策定に際して「障害者等の心身の状況、その置かれている環境その他の事情を正確に把握」することとした。

第二に、市町村・都道府県は「定期的に」、障害福祉計画について「調査、分析及び評価を行い」必要に応じて計画を変更することとした。

要するに障碍者の生活実態をふまえて、策定し、実行し、評価し、見直すというサイクルが義務づけられ、国の基本指針でも同様なことが規定された。

さらに第三に、障害者自立支援協議会の設置を地方公共団体の努力義務とし（従来の「できる」規定を「努める」規定に強化）、その委員に障碍者およびその家族を含めることを明記した。

②**比較**

障害福祉計画と基本指針について、障碍者の生活実態をふまえた策定と見直し、障碍当事者参加、自立支援協議会の関与、などに関して「骨格提言」の内容が総合支援法に反映されている。

しかしながら、「骨格提言」では地域のサービスの不足とその大きな市町村格差という現状認識から、緊急に「地域基盤整備一〇カ年戦略」をたてて取り組むことを提言している。そしてとくに病院や施設からの地域移行を受け止める資源、重度障碍者のための介護の資源、医療的ケアを必要とする障碍者のための資源などに重点を置きつつ整備することを提言している。このような遅れを早急に取り戻す方策という観点が総合支援法には不足している。

（7）利用者負担

①**障害者総合支援法**

改正事項はない。「検討規定」にも少なくとも明記はされていない。

本書第１章第４節（7）で見たように、二〇一〇年の自立支援法の改正（いわゆる「つなぎ法」）で、応益負担が応能負担に変わったのだから利用者負担問題は解決済みとの認識が政府に見られる。

②比較

「骨格提言」は、原則無償でとくに本人の収入の多い人からは応能負担としている。総合支援法の下で、現状では自立支援医療は市町村民税が免除されている低所得者も負担しており、低所得者は負担なしの障害福祉サービスでも、障碍児の世帯のほとんどに一定の収入があり自己負担しているという問題がある。介護者の交通費や入場料を障碍者が払わなければ社会参加できない仕組みも解決していない。

(8) 相談支援

①障害者総合支援法

総合支援法では、相談支援事業者の努力義務として、障碍者の意思決定の支援に配慮すること、常に障碍者の立場に立って相談支援することが規定された。また基幹相談支援事業では医療機関、サービス事業者、民生委員、身体障害者相談員、知的障害者相談員などとの連携に努めることとされた。

②比較

障害者自立支援法では二〇一〇年の法改正（つなぎ法）により二〇一二年四月から原則としてすべての障碍者がサービス利用計画を作成することができる方向となり、他方サービス利用計画の内容によっては障害程度区分によるサービス利用制限が一部取り払われることとなった。こうした方向は障害程度区分からケアマネージメントへというもので、「骨格提言」と通じるものがある。

しかし市町村や事業者からの相談支援事業の独立、「地域」・「総合」・「エンパワメント支援」など重層的な相談支援センターの配置、運営費の義務経費化と出来高払いからの脱却、エンパワメント支援の強化、権利擁護の独自の制度の創設など、「骨格提言」との距離は依然として大きい。

(9) 権利擁護

①障害者総合支援法

(8) で紹介したように、意思決定支援への配慮と障碍者の立場に立った支援とが相談支援事業者の努力義務として課された。また、サービス事業者にも同様の努力義務が規定された。さらに検討規定として成年後見制度の利用促進のあり方も取り上げられた。

②比較

「骨格提言」では、相談支援の中での権利擁護機能を強化するとともに、権利擁護の独自の体制を設けるとしている。申請から相談支援、支給決定、サービス利用、不服申し立てのすべてにわたるプロセスに対応する権利擁護対策である。とくに、障碍当事者やその家族によるエンパワメント支援事業や、権利擁護サポーター等の第三者が訪問による権利擁護を行う制度（オンブズパーソン制度）を設ける。

これと比べると、総合支援法では、障碍者の立場に立った支援を心がけることや、成年後見制度利用促進の検討を掲げるのみであり、大きな差がある。

(10)　報酬と人材確保

①障害者総合支援法

総合支援法では、労働法規違反で罰金刑以上の刑に処せられた者をサービス事業者に指定しないという規定を設けた。その他の点はとくに対応していない。

②比較

これはほとんどゼロ回答に等しい。障碍者福祉を、若者、とくに福祉や介護を専門的に学んだ若者が情熱をもって就職できる分野とするにはどのような法制上の工夫がありうるかが「骨格提言」が政府になげたボールであった。

「骨格提言」では、障碍者の人権評価と支援職員の待遇水準との関連を指摘し、日額制と月額制の組み合わせによる新たな事業者報酬制度、「常勤換算」方式の廃止、等を提言した。これらは総合支援法には反映されていない。

(11) 国・自治体の財政負担構造

①障害者総合支援法

法的対応はなく、支給額が国庫負担基準を超過している（比較的規模の小さな）市町村への財政支援を運用で行っている。二〇一二年度からそれまでの「基金事業」から恒久的な補助金制度となるなどの進展はある。

②比較

「骨格提言」では、裁量的経費を義務的経費にする、国庫負担基準をなくす、地域移行障碍者や重度障碍者の多い市町村の財政負担を軽減するなどの提言がなされたが、総合支援法には反映されず、「検討規定」にも明記はされていない。

3 総合支援法の「検討規定」と「骨格提言」

本章の「はじめに」で紹介したように厚生労働省の説明は、「骨格提言」ですぐに実施できない事項は「検討規定」に盛り込み、段階的計画的に実現してゆく、というものであった。その全文（附則第三条）は次のとおりである。

第三条（検討）

政府は、全ての国民が、障害の有無によって分け隔てられることなく、相互に人格と個性を尊重し合いながら共生する社会の実現に向けて、障害者等の支援に係る施策を段階的に講ずるため、この法律の施行後三年を目途として、第一条の規定による改正後の障害者の日常生活及び社会生活を総合的に支援するための法律第一条の二に規定する基本理念を勘案し、常時介護を要する障害者等に対する支援、障害者等の移動の支援、障害者の就労の支援その他の障害福祉サービスの在り方、障害支援区分の認定を含めた支給決定の在り方、障害者の意思決定支援の在り方、障害福祉サービスの利用の観点からの成年後見制度の利用促進の在り方、手話通訳等を行う者の派遣その他の聴覚、言語機能、音声機能その他の障害のため意思疎通を図ることに支障がある障害者等に対する支援の在り方、精神障害者及び高齢の障害者に対する支援の在り方等について検討を加え、その結果に基づいて、所要の措置を講ずるものとする。

2　政府は、前項の規定により検討を加えようとするときは、障害者等及びその家族その他の関係者の意見を反映させるために必要な措置を講ずるものとする。

ここから附則第三条はこの検討の視点や方法として次の三点を定めていることがわかる。

①検討の目的　「全ての国民が、障害の有無によって分け隔てられることなく、相互に人格と個性を尊重し合いながら共生する社会の実現に向けて、障害者等の支援に係る施策を段階的に講ずるため」。

②検討の期限　「三年を目途」に。

③勘案すべき理念　「第一条の二に規定する基本理念」（本章第2節参照）。

④検討にあたって講ずるべき措置　「障害者等及びその家族その他の関係者の意見を反映させるために必要な措置」。

なおこの「障害者等の意見の反映の措置」を入れた理由として、「『骨格提言』をふまえて検討するという表現を法律に書き込むべき」との総合福祉部会側の要求に対して、「その意味で入れた。そう書きたいところだが、参議院では『障害者自立支援法の最大の問題であった利用者負担問題がつなぎ法で解決したのだから自立支援法は改正する必要はない』とする野党が多数であり、

『骨格提言』の文字が入れば法案は否決される。否決されることが分かっている法案を政府が提出するわけにはゆかない。そのため代わりにこの表現としたことを理解してほしい」と、当時の担当政務官は説明した。

検討項目として書かれている事項はいろいろに区分可能だが、内容的には次の一〇項目となる。

①常時介護を要する障害者等に対する支援、
②障害者等の移動の支援、
③障害者の就労の支援、
④その他の障害福祉サービスの在り方、
⑤障害支援区分の認定を含めた支給決定の在り方、
⑥障害者の意思決定支援の在り方、
⑦障害福祉サービスの利用の観点からの成年後見制度の利用促進の在り方、
⑧手話通訳等を行う者の派遣その他の聴覚、言語機能、音声機能その他の障害のため意思疎通を図ることに支障がある障害者等に対する支援の在り方、
⑨精神障害者（に対する支援の在り方）及び
⑩高齢の障害者に対する支援の在り方。

これらはいずれも重要項目とはいえ、「骨格提言」との比較では利用者負担、障碍（者）の範囲、

報酬と人材確保、権利擁護などが明記されず、国・自治体の財政負担問題も書かれていない。明記されていない事項であっても検討課題となることは本章の冒頭で紹介したように国会での厚生労働大臣の約束であり、法案上程時の担当課長の示唆によれば「④その他の障害福祉サービスの在り方」にすべての事項が含まれる。また列挙の最後の「等について検討を加え」、の「等」に含めることもできる。

総合支援法施行（二〇一三年四月一日）から三年をめどに検討することとされているので対応が急がれるが、以上のことから「骨格提言」をふまえての検討が必要とされる。

4 障害者権利条約と障害者総合支援法

「骨格提言」は、障害者権利条約の実行のための法制度のあり方を、とくに福祉分野に焦点を当てて検討した結果であるが、この「条約」の関係条文と総合支援法を直接比較してみることによってさらに改革課題が浮き彫りになる。締約国は批准から二年以内に、「条約」履行のためにどんな措置をとり、どんな進歩が見られたかを国連・障害者権利委員会に報告し、以後は四年ごとに報告する。したがって本節は政府が批准後二年以内にどのような措置を取るべきかを指摘するものともいえる。

(1) 第一九条（自立した生活及び地域社会への包容）

障害者総合支援法ともっとも関係するのが「条約」第一九条である。ここでは、障碍者は障碍のない市民と同様に地域社会で生活し社会参加する完全に平等な権利をもっていることを確認し、その権利の実現のために政府がとるべき措置を定めている。つまり、障碍者がどこで誰と生活するかについての選択の機会が保障され、特定の生活様式で生活する義務を負わされないようにするために、住宅や介助を含む地域社会サービスを保障すること、である。これは障碍者が自己の希望と選択に基づいて地域で暮らし社会参加するために必要な支援は権利であり、その保障は政府の義務だということである。

第一九条に照らして総合支援法を見ると、地域で平等に暮らすために必要な福祉サービスが提供されなくてもやむをえないという法律にとどまっている。移動支援や意思疎通支援が不十分にしか利用できない、市町村の財政負担が重すぎて必要な長時間介護が提供できない、事業所への報酬単価が低いので地域によってはサービス事業所がまったくない、低報酬や常勤換算制度のために非常勤職員が多くなり支援の質が低い、こうした労働条件のために職員が確保できない、画一的支給決定で利用者の意見が反映しにくい、障害程度区分に縛られて利用できない、利用料自己負担が重くて利用できない、六五歳になったら介護保険優先とされ要介護認定や一割負担のために利用できない、など数多くの問題がある。このために精神科病院や入所施設からの地域移行が十分には進んでいない。

(2) その他の条文

「条約」は**前文(e)**や**第一条(目的)**の後段で障碍・障碍者の概念を示した。そこでは多種類の機能障碍を掲げ、それらと障壁との相互作用による平等な社会参加の支障(障碍)がある人を障碍者とする(序章第4節(6)参照)。

一方、総合支援法では政令で定める特殊の疾病が含まれるとし、対象範囲を拡大した。しかし診断基準未確定の難病や患者数の多い難病が除外されたままである。さらに中軽度の聴覚障碍や知的障碍で障害者手帳のない人々も除外されたままである。機能障碍(疾患を含む)の種類と程度で対象を規定する総合支援法(医学モデル)と参加障碍を基本に定義する「条約」(社会モデル的観点)との視点の差は大きい。総合支援法でいう障碍は機能障碍のことで、「条約」では障碍(disability)は機能障碍(impairment)と障壁とにより生じた参加障碍のことであるという概念の混乱も課題である。

第二条(定義)では「**意思疎通**」(communication)を「言語、文字の表示、点字、触覚を使った意思疎通、拡大文字、利用しやすいマルチメディア並びに筆記、音声、平易な言葉、朗読その他の補助的及び代替的な意思疎通の形態、手段及び様式（利用しやすい情報通信機器を含む。）をいう」とし、「言語」を「音声言語及び手話その他の形態の非音声言語をいう。」としている。多様なすべての意思疎通手段が掲げられている。さらに第二一条（**表現及び意見の自由並びに情報の利用の機会**）ではそれらの意思疎通手段を自ら選んで利用できるようにすることを求めている。

総合支援法の意思疎通支援事業では手話通訳者と要約筆記者の養成・派遣のみとなっており、失語症者や発達障碍者など多様な意思疎通の支障のある人への対応となっていない。現状の意思疎通支援事業も聴覚障碍者のニーズに充分応えているとはいえない。

理念面では、第一、三、**四条等の原則**や第一九条の**目標**をはじめとする条約の諸理念が総合支援法（第一条の二）に一部反映されている。それは個人の自律や尊厳、社会参加、どこで誰と生活するかについての選択の機会などである。しかし「権利」や「他の市民との平等」という視点は総合支援法では避けられている。

第八条（意識の向上）については、法の理念に障壁の除去が書き込まれ、「障害者に対する理解を深めるための研修・啓発」が市町村の地域生活支援事業の必須事業として設けられた。その効果的な実施が期待される。

以上のほか、第二〇条（**個人の移動を容易にすること**）に関連して、移動支援の不足や地域格差、通勤・通学支援の欠落や支援者の交通費や入場料を障碍者が負担している課題、第二五条

（健康）に関連して、自立支援医療の低所得者の自己負担解消の課題、第二六条（ハビリテーション〔適応のための技能の習得〕及びリハビリテーション）に関連して、自立訓練の総合的位置づけの検討の課題、第二七条（労働及び雇用）に関連して、依然として多くの「福祉的就労」従事者が残されている課題、第三一条（統計及び資料の収集）に関連して、生活のしづらさ調査の活用と改善の課題などがある。

5　制度設計の比較——「骨格提言」の歴史的意味

戦後六〇年の障碍者福祉の流れを見ると、障害者自立支援法とその後の障害者総合支援法には評価できる点も多く含まれている。三障碍の統合、市町村での支援責任の一元化、障害福祉計画、自立支援協議会、重度訪問介護、入所施設での夜と昼の区別、分散型のグループホーム、居住サポート事業、ケアマネージメントの導入などである。

しかしながら基本構造の制度・政策設計を見るとすでに相当古くなっており、マイナーチェンジではどうにもならない段階といえる。法の目的や障碍者観まで含めた制度設計にかかわる歴史的な転換が必要とされている。「骨格提言」は、この転換の道、つまり障害者自立支援法・総合

表 2-3　障害者総合支援法と障害者総合福祉法（イメージ・筆者作成）

	障害者自立支援法・障害者総合支援法	「骨格提言」・障害者総合福祉法
めざす社会観	自己責任型社会	全員参加型社会
障碍者観	保護の対象	平等な市民，権利の主体
第１の目的	財政コントロール（政府用語では持続可能性）	地域生活・社会参加
支援の重点	自立のための訓練	支えるサービス
支援の性格	画一的支援	個別ニーズ尊重支援
福祉制度論	中央集権型	専門職（市町村）尊重型
対象	手帳所持者＋難病の一部	すべての障碍者
支援利用の権利	なし	あり
国・自治体義務	努力義務	法的義務
利用者負担	応益・応能，家族単位	原則無償，本人単位の応能
支援体系	財政事情による	目的・機能による

支援法から障害者総合福祉法への道を示す羅針盤を意味する。

表２－３は，これまでの制度設計と障害者総合福祉法の設計とを比較したものである。制度設計の基本部分では，障害者自立支援法と総合支援法が異なるのは，「対象」に「一部の難病」が加わった点だけである。

まず政策が立脚する社会観や障碍者観が問題となる。「自助・共助」の強調や「応益負担」などに見られるように，自立支援法体制は自己責任・家族責任を基本とし，それで対応できない場合に公的支援を考える。「医学モデル」に基づいて障碍者を「本人自身に問題のある人」「能力のない人」と見て「保護」することとなる。それに対して、障害者総合福祉法では「社会モデル」に基づき、「環境・支援の改善で普通の市民として参加できる人」と見て、障碍者支援を活力ある全員参加の社会を創るためのインフラとみなす。

しかし六〇年前の認識が間違っていたという単純なものではない。当時の社会的・技術的条件の下では、医学モデルが相当程度「当てはまって」いたのであろう。当時はＡＤＬ（日常生活動作）要介助の人が就職も地域での自立生活もできるはずはなく、「保護」しかないと誰もが信じていた。

しかし近年、これまでの両モデルの取り組みの成果、とくに当事者の努力、バリアフリー化や専門職の支援技術の発達が、古い法制度やその理念の誤りを明白に示すようになってきた。たとえば、一人で通勤できない障碍者が大学教授や弁護士として活躍するようになり、買い物のおつりの計算のできない知的障碍者が施設から出て地域でひとり暮らしをする時代になった。医学モデルに基づいて対象者を限定しつつ行われる「保護政策」は豊かな活力ある社会の「足かせ」となってきた。

しかし部分的な「好事例」が出てきたとはいえ、制度自体は依然として古い。基本的には医学モデル（それに加えて統計モデル）で対象者を選び、使える支援を限定し、利用者と市町村に重い経済的負担を課して支援を遠慮させる仕組みは、存続が困難になりつつある。障碍者に期待しない制度から障碍者の社会参加と貢献を期待する（尊厳を認める）制度へ、自治体や専門職を信用しない中央集権制度から信用する分権的・専門的な（質を重視する）制度へ、移行せざるをえない。障害者権利条約は「障碍者は障碍のない人と平等に暮らす権利を持つ」ことを示し、古い制度と理念にとどめを刺すものとなった。

表２－３で、障害者自立支援法・総合支援法の「第一の目的」を「財政コントロール」とするのは主観的と思われるかもしれないが、利用者負担、障害程度区分、支給決定裁量幅の広さ、裁量的経費、国庫負担基準、日額制、常勤換算など総合して見えてくる法の最大の目的を端的に表現した。こうした目的に重点を置いた法律は、自立支援法違憲訴訟に見られるように障碍者の批判を受けるだけではない。全員の参加、全員の貢献を必要としそれを支える共生社会と矛盾するのである。こうした新しい社会は、東日本大震災から復興する日本がめざす社会そのものであることを「骨格提言」は「おわりに」でふれている。

個人の希望を尊重し、社会参加ニーズに基づいて支援を行う障碍者福祉の実現はたしかに容易ではない。「客観性、公平性、画一性」を理由に障害程度区分が導入された経過もある。したがってこれまでの、障碍当事者・市町村・専門職を信用しない制度（厳格な中央集権制度）を切り替えるには、より具体的な関係者の検討と一定の試行錯誤期間も必要である。

国と市町村の支援ガイドラインの開発、市町村の担当職員の能力や人員体制、市町村への都道府県の技術支援体制、専門職の役割のあり方、市民（納税者）の理解と参加のあり方、障碍当事者の参加を重視した権利擁護体制などについては、関係者が育ち、市民理解が深まるまで時間もかかる。

しかし欧米ではすでに行っていることであり、日本でもできるはずである。今必要なことは、制度設計を根本から切り替える決断といえる。

補論　「意思疎通支援の谷間」をなくす

本章第3節で見たように、「検討規定」の事項の一つに「意思疎通支援の在り方」がある。この検討の基礎資料とするため、厚生労働省は二〇一三年度に全日本ろうあ連盟に「意思疎通支援実態調査事業」を委託し、①意思疎通支援者を養成するための講師の養成をめぐる実態調査および、②意思疎通支援ニーズがありながら支援から漏れている障碍者の実態調査が行われた。

この②の部分は多様な障碍者団体が加盟する日本障害者協議会（JD）の協力によって行われ、筆者はJD理事として参加し、調査の企画・分析・執筆を担当した。以下その要点を紹介したい。なお報告書の全文は全日本ろうあ連盟のウェブサイトから閲覧できる。(4)

■実態調査の概要

障害者総合支援法の意思疎通支援事業の対象となっていないものの実際に意思疎通の支援を必要とする障碍者について、その現状と支援ニーズを把握することを目的として、一五の日本障害

(4)　全日本ろうあ連盟「意思疎通支援実態調査事業　報告書（厚生労働省　平成二五年度　障害者総合福祉推進事業）」二〇一四年三月三一日（http://www.jfd.or.jp/2014/04/08/pid11907）

者協議会加盟団体等の協力を得て、二〇一三年一一月～一二月に事例調査を行った。難聴者は支援対象とされてはいるが、聴覚障碍の程度が軽いとされて対象から除外されている人も多いと考えられたので、全日本難聴者・中途失聴者団体連合会の協力も求めた。

対象者は原則として各団体四名とし、その選定はできるだけ多様な現状が示されるよう勘案して行うよう各団体に依頼した。調査は各団体の役員などの調査員による面接調査を基本としたが、メール・郵送・FAX等も活用された。最終的には、多様な属性をもつ八七人の障碍者の事例が得られた。

■「谷間の障碍」の七つのタイプ

意思疎通支援を必要としながらも「支援の谷間」に置かれてきた障碍者の障碍・症状のタイプは、今回の調査からは「構音障碍＋運動障碍」「難聴」「難病により病的に体力がない」「知的障碍」「発達障碍」「失語症」「非定型」の七つに分けられると思われた。ろう者、盲ろう者、視覚障碍者、吃音者、認知症者、喉頭摘出者など今回の調査対象者以外の人々も含めると、意思疎通支援ニーズのある障碍者の症状・機能障碍タイプはさらに多様であると考えられた。

タイプ① 構音障碍＋運動障碍

脳性マヒによる場合や筋萎縮の進行、あるいは人工呼吸器利用の場合、音声を発することが困難になったりわかりにくい声になったりする。さらに文字を書いたりパソコンなどに入力して意思表示をしようとしても、手指や他の部位の運動障碍で操作が容易ではない。なお、読む聞くなど他者の意思を受け止めることに困難はない。

伝えたいことを紙に書いて持参したり、スマートフォンの読み上げ機能を使ったりと工夫はするものの伝わりにくいことも多い。ヘルパーがかろうじて言葉を聞きとったり、「口文字」や瞬きを利用して聞き取ったりして通訳することも多く、ヘルパーの資質や技術によって意思疎通の質が左右され、ヘルパーが習熟するには時間もかかる。

タイプ②　難聴

難聴のために、一対一の会話はなんとか可能でも三人以上の会合、講義、雑音の中での会話などには情報保障や配慮が不可欠である。交通機関などでの音声アナウンスがわからないので文字情報を併用することが求められる。

タイプ③　難病により病的に体力がない

筋痛性脳脊髄炎の場合など、病的に体力がなく、身体活動や精神活動による疲労が激しいために、会話、話すこと、聞くこと、外出、テレビやパソコンの利用等すべてにおいて意思疎通が制限され、情報の入手や発言が制約される。

タイプ④　知的障碍

ただし知的障碍の程度によって困難状況は大きく異なる。中・軽度の知的障碍のある人では、簡単な買い物などの日常生活上の意思疎通に大きな困難はないが、やや難しい判断や手続きには支援が必要という人がいる。意思が実現されない場所・人に対しては意思表示を諦めることも伺われた。

重度知的障碍のある人では、表情・動作で「はい」「いいえ」をようやく表現できる人や、意思表示が受け容れられないとパニックになる人もおり、意思疎通の質は家族・職員の能力や姿勢・時間的ゆとりに左右される。

タイプ⑤　発達障碍

気持ちや意思を相手に伝えること、相手の（怒りなどの）気持ちや意思を受け止めることなど、意思疎通の前提となる関心や期待、必要性の理解が弱い人も多い。学習障碍のある人では、書くことや読むこと（とくに漢字）が困難。また要領よく話すことや抽象的な指示を理解することが困難で、怠けている、不真面目などと誤解されて人間関係が悪くなりがちである。知的障碍も重複している場合には、一層意思疎通が困難となる。

タイプ⑥　失語症

意思の表出も受け止めもともに困難で、しかも表出して伝えたい思いは強く、心理的ストレスや挫折感が強い人も多い。病院の本人確認で自分の名前が答えられない人もいる。適切な意思疎通支援機器の用具（イラストなど）の使用があまり進んでいない。家族の付き添い・支援で最低限の社会参加が成り立っている場合が多い。本人の心の中には伝えたいことがあり、人の意思を理解する力もあるので、家族や失語症に詳しい会話支援パートナーなどが、理解しやすく説明したり、表現を適切に促すことが必要とされる。

タイプ⑦「非定型」

高次脳機能障碍のある人では、意思疎通にとくに問題がない人から、絵カードなどを使い選択肢を二つに絞っても明確な意思表示が得られず職員が表情などで判断するしかないという人まで多様である。記憶（とくに短期記憶）、情動、認知、注意、遂行などの重要な精神機能が様々な程度に障碍を受けているための多様性と考えられる。「高次脳機能障碍」の言葉から意思疎通の状態について一定のイメージ・予想を持つことが難しいと思われたので、とりあえず「非定型」とした。しかしほとんど「その他」に近い区分であり、この位置づけや名称は今後再検討すべきである。

今回の調査では精神障碍のある事例は一人のみであったが、精神障碍にも同様に多様な種類と程度の精神症状があるので、意思疎通に関しても多様で「非定型」であろうと思われた。

■「谷間」を埋める意思疎通支援のあり方

障害者総合支援法の附則による意思疎通支援の在り方の検討にあたって、その検討の課題や方向性として、本調査からとくに次の諸点が浮かび上がってきた。それは大別すれば「人」（福祉職員など意思疎通支援者）、「制度」（法制度とその運用）、「支援機器」（補装具・日常生活用具など）の三領域であり、現在の取り組みを充実・強化すべき「充実課題」と、新たな制度の創出を必要とする「改革課題」とがある。以下は調査事例から要望されたり必要と考えられたりした内容を整理したものであり、今後他の「谷間の障碍者」のニーズも含めてより総合的に分析する必要がある。

（1）「人」

①一般の福祉職員の充実

〈福祉職員の姿勢・態度〉（充実課題）

・ゆっくり聞く姿勢、コミュニケーションのスピードに配慮する姿勢が望まれる。
・主体性と尊厳を尊重する姿勢を。
・支援者は思い込みで支援せず障碍者の考えをよく理解し、できるだけ確認して支援する。
・意思疎通には「メッセージ・情報の伝達」とともに、「気持ちの共有」の要素があることの理解を。

〈**福祉職員の支援技術**〉（充実課題）

・意思を理解するコミュニケーションスキルのある職員の確保。

・多様な状態像の高次脳機能障碍を理解し、さらにその人の価値観や関心事を理解して意思疎通支援に反映させることのできる支援者が求められる。

・どの重度訪問介護ヘルパーでもパソコン入力などの意思疎通支援ができるようにする。

・福祉職員が、個々の利用者の苦手な表現方法・理解方法を理解して対応する。

・買い物や手続き等個々人によって（意思疎通）支援の必要な範囲が異なることに注意する。

〈**福祉職員の確保と労働条件（雇用の安定）**〉（充実課題）

・介助職員が安定して働ける報酬体制。

・ヘルパーが意思疎通支援に習熟するには資質のある人でも数年かかるので、その安定した確保を制度で支えてほしい。

・職員がゆとりをもって個別支援できる十分な数の職員体制。

・意思疎通支援を考慮して施設の職員配置の基準とする。

・本人の意思と状況を読み取って適切な対応ができる人材の確保とそのための予算措置。

・意思疎通面で安心できるレスパイト受け入れ事業所の確保。

②意思疎通支援を専門とする職員の創設

〈特定の障碍に対応する専門職〉（改革課題）

・失語症会話パートナーなど（手話通訳者、要約筆記者のように、特定の意思疎通支援に専門性を持つ）。

〈意思疎通支援一般の専門職〉（改革課題）

・デイサービスや就労支援施設などの通所・入所の福祉施設に意思疎通専門職を配置する。

・意思疎通の専門職が家族や福祉職員（ヘルパー・ケアマネなど）に意思疎通方法を指導する。

・意思疎通の専門職が行政・銀行・医療機関などの窓口担当者に意思疎通方法を指導する（〈特定の障碍に対応する専門職〉と異なり、多様なタイプの意思疎通の困難に対応できる専門職）。

（2）「制度」

①〈意思疎通支援　情報・相談・研修のセンターの設置〉（改革課題）

・重度障碍者の意思疎通支援方法について家族や職員が相談・研修を受けられる仕組みづくり。

②意思疎通支援の位置づけの強化

〈支給決定への意思疎通支援ニーズの反映〉（充実課題）

・意思疎通支援のニーズをサービス支給決定（とくに支給量）に十分反映させる。

〈施設での支援プログラム〉（充実課題）

・学校教育で身につけた意思疎通能力を退化させず発展させる支援プログラム。

・個別支援計画における意思疎通支援の位置づけを高める。

〈**入院・通院時の意思疎通支援の確保**〉（改革課題）

・通院時の医療機関内での意思疎通支援や介助のために慣れたヘルパーの付き添いを可能にする。

・入院時のコミュニケーション保障のためにヘルパー派遣を認める。

・重度障碍者等入院時コミュニケーション支援事業を国の制度とする。

〈**現在の意思疎通支援事業の運用改善**〉（充実課題）

・意思疎通支援者派遣のための都道府県の広域調整機能が生かされていない現状を改める。

・身体障害者手帳が受けられない難聴者への意思疎通支援者の派遣を認める。

③〈**縦割り制度の谷間の解消**〉（改革課題）

・高等教育での意思疎通支援が市町村の（障害者総合支援法の）責任か学校の責任かを明確にする。

④〈**当事者活動への支援**〉（改革課題）

・「仲間の会」などセルフヘルプグループへの支援を法律による支援として確立する。

・失語症などの友の会の活動を支援する。

⑤〈**地域住民の理解の促進**〉（充実課題）

・高次脳機能障碍等の特徴を地域の人々に理解してもらう活動も福祉従事者に期待され、それを可能にする人員配置が必要である。

（3）「支援機器（IT機器・意思疎通支援機器の開発と活用）」（充実課題）

・トラックボールなど入力支援機器のスマートフォンへの接続などの技術開発と普及・活用。
・キーボードの長押しが連打にならないような調整など技術開発と普及・活用。
・障碍者の状態に応じた意思疎通支援機器の開発・適合と活用。
・意思疎通困難者に役立つ用具を日常生活用具として制度化する。
・多様なコミュニケーション支援機器を気軽に試せるような仕組みをつくる。
・パソコンや意思疎通支援機器を使えるように技術的な支援体制を確立する。
・意思疎通支援機器の自己負担の解消。
・障害者手帳のない難聴者に意思疎通支援・補聴器などを支給する。

以上のほか、障害者総合支援法以外の分野での改革の要望（銀行・役所などの窓口対応やＩＴ機器の開発など）も出されていた。

第3章

政府の方針を問い直す

2010年10月29日全国大フォーラム。「制度改革」を確実に進めることを求めて全国で集会が開かれた。写真は日比谷野外音楽堂。

第1章第2節「『骨格提言』の作成過程」で紹介したように、「総合福祉部会」の運営を担った厚生労働省は、会場確保、連絡調整、資料印刷、情報保障、記録、関連データの提供など事務局の役割を果たした。各回の議題の準備から「骨格提言」の作成など内容面はすべて五五人の委員が行った。

内容にかかわる点では、厚生労働省は自立支援法の制度や利用者・予算などの現状について第五回～七回の部会で詳しい資料で情報提供し、その後作業チームに分かれての検討の中でも委員の求めに応じて情報提供をした。さらに第一期および第二期の作業チーム報告が出された後で、それぞれ「作業チーム報告への厚生労働省のコメント」が出された（第一二回および第一五回部会で）。作業チーム報告は最終的な部会としての提言（「骨格提言」）の数カ月前に出されたいわば素案であり、その素案の個々の内容を法制度にしてゆくうえで、さらに検討が必要な要素として何があるか、他の審議会での検討も必要ではないか、等を政府の立場で示したものがこの「コメント」である。「骨格提言」の内容づくりは委員に任せつつも、これまで法案づくりとその運用を担当してきた政府の立場で参考意見を紹介したものである。

政府が新しい法律への提言を「部会」に求めたのであるから、「骨格提言」が出た後にコメントする立場にはない。出た後は提言をふまえて法制化の準備をするばかりである。また検討の初期に、新しい法制度の方向性や検討の視点について政府が「部会」に意見を述べる立場にもない。

「部会」は「条約」と「基本合意」をふまえて、かつ「推進会議」での「福祉」に関する議論の方向性を尊重しつつ「骨格提言」を作成することが求められていた。そこである程度の議論の方向が作業チーム報告として出された段階で、「コメント」が出されたものである。

筆者には、この厚労省コメントの公表自体が「改革」の大きな成果と思われる。従来は、厚労省への障碍者団体などの要望活動への対応は、「皆さんの実情と要望はよくわかりました。政府として精一杯検討させていただきます」というのみであった。しばらくして障碍者団体は要求が通らなかったと知ることになるが、理由はわからない。重ねて質すと「なにぶん予算が厳しく、新規要求など出せる雰囲気ではなかった……」という程度の説明に終わることが多かった。つまり障碍者の要望がどんな壁に阻まれて実現しなかったのか、逆の表現をすればどんな理由で政府は拒否したのか、（財政面を除いて）ほとんど説明されることがなかったといえる。

今回の厚労省コメントは、厚労省が政策・制度の策定や見直しの基準・物差しにしているものが何なのか、その一端を初めて示した。従来出さなかった「手の内」の一部をまじめに紹介したといえる。部分的にはこれまで関係者に口頭で伝えてきた内容も多いが、初めて文書の形で、しかも総合的網羅的に示したものである。

もし政府が、障碍当事者団体や関係団体を政策立案のパートナーと認識してきていたのであれば、たとえば「障碍者福祉法制度が満たすべき基本的要件」のような明文化されたゆるいガイドラインがあり、政府と民間とがある程度の共通認識のもとで政策づくりを進めてきたはずであろう。そういうものが不要でありむしろじゃまとされる、密室政治のような世界が続いてきたのではないか。

もちろんこの「厚労省コメント」だけが厚労省にとっての政策原則ではないと思われる。たとえば、有力な与党国会議員の意向や要望、マスコミの取り上げ方、地方自治体の意向、そしてこれらより重みは少ないが政府審議会の議論の動向、などなどのいわば「政治的要素」が政府の障碍者（福祉）政策にかかわっている。

本章で取り上げる「厚生労働省コメント」に書かれていることは、このような政治的要素ではなく（納税者の理解・合意が必要、などのやや政治的な要素もあるが、それは一部であり）、ほとんどは論理的、技術的な要素である。つまり「誰が言うか」（どの団体か、どの党の議員の要請か）ではなく、「何を言うか」に関して検討すべき課題を掲げているといえる。

このように重要な意味をもつ「厚生労働省コメント」であるので、独立した章を設けて紹介し、主要内容について批判的に検討することとした。

1 「作業チーム報告」への「厚生労働省のコメント」の概要

本章で取り上げる「厚生労働省コメント」は二つの文書(1)であり、類似内容もかなり含まれているので、ここでは合わせて以下「厚労省コメント」と呼ぶ。

そのコメントの対象となった作業チーム報告は全体が一つの資料としてまとめられている。(2)厚労省コメントは二つ合わせて一〇〇ページ、作業チーム報告のほうは全体で二二三ページでかなりの分量がある。その中から主要なポイントと思われるものを取り出したのが表3-1である。似た内容が二つ以上の作業チームから報告されている場合もあり、コメントも繰り返されているが、そのような場合には表3-1では繰り返しを避けた。

表3-1を眺めてわかることは、作業チーム報告に書かれている意見に対して、厚労省は（当

(1)　①厚生労働省社会・援護局障害保健福祉部「第一期作業チーム報告書に対する厚生労働省からのコメント」第一二回総合福祉部会、資料八、二〇一一年二月一五日

②厚生労働省社会・援護局障害保健福祉部「第二期作業チーム報告書に対する厚生労働省からのコメント」第一五回総合福祉部会、資料一七、二〇一一年六月二三日

(2)　「部会作業チーム報告・合同作業チーム報告」第一六回総合福祉部会、資料一、二〇一一年七月二六日

表 3-1 「作業チーム報告」への厚生労働省のコメントの概要

作業チームとその報告の主要点		厚労省コメントの主要点
① 法の理念・目的・範囲	法名称「障害者の社会生活の支援を権利として総合的に保障する法律」 前文を設けて経緯と精神を示し，解釈指針とする。 権利性を明確にした目的規定と理念規定。 公的支援を請求する権利，支援を選択する権利などの規定。 国（ナショナルミニマムの保障義務など），市町村の支援実施義務など。	目的・理念は障害者基本法や児童や高齢者など他の福祉法制との整合性もふまえるべき。 「給付法」である自立支援法を「権利法」とするのは権利を規定した憲法との関係や，児童・高齢者など他の福祉の「給付法」との整合性など，法体系全体の整理が必要。 財源確保の面で他の福祉施策や国全体の諸施策との均衡を図りつつ，実現可能性や国民的な合意の必要性をふまえるべき。 可能なものはできるだけ地方自治体にゆだねる「地域主権戦略大綱」（閣議決定）に沿った改革が必要とされる。
② 障害の範囲	「障害者とは，身体的または精神的な機能障害（慢性疾患に伴う機能障害を含む）を有する者と，これらの者に対する環境に起因する障壁との間の相互作用により，日常生活又は社会生活に制限を受ける者をいう。」 障害者手帳がない場合，「機能障害」を示す医師の診断書・意見書，その他の専門職の意見などで，ニーズ評価過程に入れる。	どのような機能障害（種類，程度，継続期間など）であれば給付の対象となるのか，どのような制限を受けている場合に対象となるのか，国民に分かりやすく，市町村で全国一律に透明で公平な手続きにより判断できることが必要。 「例えば，医学的な疾患概念が確立していないもの等（例えば，引きこもり等）を対象とするのか，するのであればどのような状況の方であれば対象にするのかといったことを明確にしていく必要があると考えられます。」 「様々な専門職（国家資格でないものや業務独占でないものを含む）による意見や障害当事者団体が有する認定基準によって機能障害を認定する案が提示されていますが，妥当性や信頼性等が確保できるか検討が必要であると考えられます。」
	多層的相談支援体制（「地域」「総合」「広域専門」。エンパワメント事業も配置。専門相談員） 相談支援事業所は市町	支給決定の公平性・透明性の担保を。「制度に係る費用を負担する国民（納税者）の理解を得るためにも，実際に制度を利用する者の間における公平性と，支給決定プロセスの透明性が確保されていることが重要であり，……」

③ 選択と決定・相談支援プロセス	村・事業所から独立。指定は都道府県とする。 支給決定のプロセス(障害程度区分は使わない) ①本人中心支援計画(希望者のみ，支援付き自己決定) ②法対象となる「障害」があることの確認 ③本人サービス利用計画を添えて申請 ④市町村がガイドラインによりニーズアセスメント ⑤ガイドライン水準を超える場合は協議調整 ⑥調整困難の場合，市町村の合議機関で検討	障害程度区分が果たしている機能(支給決定，サービス対象者の範囲，報酬単価，国庫負担基準)，つまり制度の公平性と限られた資源の重点的配分の機能をどう担保するか。障害の程度は全国一律の客観的指標で評価し，社会的状況はケアマネジメントで考慮すると整理すべきでは。 全国の自治体で円滑に運用できるよう実情や意見をふまえた検討を。たとえば横浜市では11,730人のサービス利用者がおり，そのアセスメント，協議・調整を行うために必要な職員の配置や資質の方策をどうするか，自治体の意見も聞いて検討すべき。 財政面を含む最終責任のある市町村と合議機関の関係整理を。
	ガイドライン：障害のない人と平等な生活を可能にする支援を示すもの。国の最低ラインに従って市町村が定める。	「ガイドライン」の内容は？ ニーズアセスメント指標，類型別の標準的サービス量の指標，国・自治体の負担区分基準などあらゆる役割が与えられているように思われるが，詳細な検討が必要。 市町村間格差の現状で全国一律の支援最低ラインは可能か(先進地域に合わせれば遅れた地域はついてこれず，遅れた地域に合わせれば先進地域のサービス水準を下げる恐れがある)。
	財源は義務的経費による国庫補助金とし，出来高払いでなく人件費補助。	地域主権戦略大綱では「ひもつき補助金」を廃止し一括交付金化を進めており，相談支援事業は補助金から一括交付金に転換したものであることをふまえて検討すべき。
	権利擁護の仕組み，相談支援専門員の役割，試行事業など。	エンパワメント事業は当事者・家族が過半数の協議体が運営するとあるが，「新成長戦略実現2011」では参入規制の緩和を進めていることを考慮すべき。

④ 施策体系～訪問系	重度訪問介護の発展的継承による「パーソナルアシスタンス制度」の確立。 対象を「重度の肢体不自由者」以外にも，通勤・通学・入院時・1日を越える外出・運転介助にも。 雇用や教育などの分野との財源調整の仕組みを。	パーソナル・アシスタンスについて，介護時間や内容・方法を決める際の客観性・透明性・公平性をどのような形で担保するのか。 「対象となる障害の範囲の拡大や，見守りを含めた精神的安定のための支援については，障害者一人ひとりに介護職員（ヘルパー）が常時付き添うということになれば，非常に多額の財源及び人材が必要となるため，国民の理解を得ながら検討する必要があります。財源や人材の制約を踏まえ，また，制度に係る費用を負担する国民の理解を得るためにも，一人で地域で生活を営めるような自立訓練や困ったときに対応してくれる相談支援体制の充実といった他の代替手段の活用など，様々な地域資源の活用により総合的に対応することについても検討が必要と考えられます。」 財源調整の前に，通勤・通学・入院時等の場面での合理的配慮の議論もふまえ，誰が責任を負うのかの議論が必要。
	パーソナルアシスタンスの資格は，従事する者の入り口を幅広く取り，OJTを基本にした研修プログラムとする。	「福祉サービス体系全体の中で，それぞれのサービスに従事する者に求められる資質について整合性がとれるような形で検討する必要があると考えられます。」
	移動支援は視覚障害児者のみならずすべて個別給付として国の財政責任を明確に。	「移動支援事業については，一対複数で行う移動支援やバスなどを利用した移動支援など様々な形態の移動支援がある中で，全国一律の基準で行う個別給付，あるいは地域で柔軟に行うことができる地域生活支援事業とするのかを，必要となる財源や人材の確保の観点なども念頭に入れつつ，国民の理解を得ながら検討する必要があると考えられます。」 「移動支援事業を個別給付に位置づけた場合，人員，設備及び運営に関する一律の基準が課せられることになるため，柔軟な仕組みというのは難しいと考えられます。したがって，義務的経費となる個別給付とすべきものと裁量的経費となる地域生活支援事業で実施すべきものについて，更に検討が必要と考えられます。」

⑤ 施策体系～日中活動とＧＨ・ＣＨ、住まい方支援	「自立訓練」的支援の利用期限は個々の状況に応じて。	訓練系は，一定の利用期間（標準利用期間）の設定が必要。
	日中活動は，就労系は別として，創作・趣味活動，自立訓練，居場所の提供なども含むシンプルな「デイアクティビティセンター」に一本化。定員緩和（5人）。通所（送迎）保障も。	・目的に応じて必要な人員を配置できるような事業体系が必要。 単なる居場所を日中活動系の個別給付サービスとするかどうか。居場所（たまり場）の提供は地域生活支援事業の地域活動支援センターで実施されている。
	通所型療養介護の創設。「生活介護」への看護師配置による重症者受け入れ。	「医療ニーズへの対応については，看護師の確保の観点も踏まえ，訪問看護との連携により対応していくことなども考えていく必要があると考えられます。」
	グループホームとケアホームはグループホームに一本化。4～5人規模を原則とする。訪問系サービスを併用。 国庫補助での整備費の確保。一般住宅を含む家賃補助を行う。建築基準法の規制を緩和，一般住居として扱う。	グループホームとケアホームは軽度者重度者の共同利用とした場合の支援体制のあり方（人員配置基準等）や，外部サービスとの関係は更に要検討。
⑥ 施策体系～地域生活支援事業の見直しと自治体の役割	コミュニケーション支援（盲ろう者通訳介助含む），移動支援，日常生活用具，福祉ホームの個別給付化・義務経費化。 地域資源整備における自治体の役割の強化（数値目標，モニタリング・理解促進等） 障害福祉計画，地域自立支援協議会，個別支援計画の連動。	「全国一律の基準で義務的経費により実施する自立支援給付，地域の実情等に応じて補助金により柔軟に実施する地域生活支援事業のそれぞれのメリットを踏まえて，サービス毎に検討される必要があると考えます。」 「コミュニケーション支援事業については，行事や会議など複数の利用者がいる場合にも柔軟性のある支援を行うため」 「移動支援については，重度の障害者に対しては自立支援給付の対象とする一方，複数の者の移動の同時支援や，車両を用いた支援など柔軟性のある支援を行うため」 「身体の欠損又は損なわれた身体機能を補完等するものを自立支援給付である補装具費として支

		給する一方，日常生活用具給付等事業は，障害者の日常生活の便宜を図ることを目的としていることから，個々の利用者の状況に応じて柔軟な取扱いができるよう」
⑦地域移行	地域移行とは，空間の移動のみならず，市民として，選んだ場所で，安心して自分の暮らしを実現すること。 地域移行を進めるための基盤整備の法定化(時限立法等)。 地域移行は利用者本人の選択により，部外者がかかわりながらプログラムを組む。ピアサポートや体験の機会の提供も。 入所施設や病院は，必要に応じて利用する社会資源。入所・入院の長期化を避けるための「個別支援計画」を充実させる。セイフティネットとしての入所・入院ニーズに対応できる本来の専門的な支援機能を提供する一方，地域生活に向けた支援を強化する。 入所者・入院者・施設待機者実態調査を。	すでに障害福祉計画で基盤整備を計画的に進めていることとの相違は？ すでに「つなぎ法」で地域移行支援・地域定着支援事業を立ち上げ予定。 サービス利用計画の対象も拡大予定。 グループホームの体験利用もすでに可能。 これらとの相違は？ 入所者・入院者実態調査は現在厚生労働科学研究事業により研究が行われている。
⑧地域生活の資源整備	国庫負担基準が実際のサービス上限となっている市町村が多いので，国庫負担基準を廃止し，ニーズに基づく支給決定に改める。 現行の国庫負担基準以上は原則として国の負担とするか，都道府県の基金事業	「国庫負担基準については，訪問系サービスについて，国の費用負担を義務化することで財源の裏付けを強化する一方で，障害福祉に係る国と地方自治体の間の一定の役割分担を前提に，限りある国費を公平に配分するため，市町村に対する精算基準として定めているものであり，介護の必要度が高い者が多い市町村にはその人数に応じて国庫負担を行える仕組みとなっています。国の厳し

	などでカバーする。通所・居宅サービスの費用を居住・支給決定自治体と出身自治体とで折半するなど自治体負担の調整を。 権利擁護のための相談支援，エンパワメント支援，不服審査，苦情解決などの制度化。	い財政事情を考慮し，国費を公平に配分する機能については，今後とも必要と考えられます。」 すでに超過する市町村には特例交付金等でカバーしている。 通所・居宅サービスの費用の自治体間調整は，支援の必要度について出身自治体が確認することができないなどの点で大きな問題がある。
⑨利用者負担	障害のない人との平等のため，障害に伴う次の支援の利用料は無料とすべき。食費や高熱水費は十分な所得保障を前提に自己負担とする。 ①相談や制度利用のための支援 ②コミュニケーションのための支援 ③日常生活を送るための支援や補装具の支給 ④社会生活・活動の支援（アクセス・移動支援を含む） ⑤労働・雇用の支援 ⑥医療・リハビリテーションの支援 ガイドヘルパーの入場料や交通費は本人負担の現状を改める。	すでに利用者負担は障害福祉サービスの総費用の0.39%になっている。 「つなぎ法」では応能負担制度とした。負担能力がある方まで無料とするには，医療や介護をはじめ他の法律や制度との整合性が求められる。障害者支援のみすべて無料とするには国民的な議論が必要。 「ガイドヘルパーの入場料や交通費については，今後，差別禁止部会において検討される合理的配慮の考え方等を踏まえた検討が必要と考えられます。」
⑩報酬や人材確保	障害者が安心できる支援のためには良質な従事者の確保が不可欠。国家公務員の「福祉職俸給表」を新法で規定すべき。	「福祉職俸給表」の法定化は，障害以外の分野で働く方との整合性や民間事業者の職員給与水準を国が規制することの妥当性等を考えると，難しい。 報酬の改善には，財源もふまえた検討が必要。報酬のあり方は，事業所の経営実態やサービス利用実態などの客観的具体的なデータに基づいて検討すべき。

	複雑な「加算」は基本報酬に組み入れ，加算抜きで事業維持可能な報酬水準とする。	「加算をなくした場合には，評価が一律となることや専門職を配置するインセンティブ等がなくなる等のことに留意する必要があり，個別に慎重な検討が必要と考えられます。」
	「月払い・日払い」を発展解消し，利用者の選択権と事業の安定を目指す新報酬体系に（両方の併用を）。具体的には，「事業運営報酬」（人件費・固定経費・一般管理費）を概ね，8割程度とし原則月額とする。	「日払い，月払いについては，日払いとしたことのメリット（利用者の選択に資するサービスの組合せ等）も踏まえた検討が必要と考えられます。」
⑪ 就労（労働及び雇用）	〈総合福祉法に含めるべき事項〉 現行の就労系日中活動，地域生活支援事業および小規模作業所などを，就労を中心とした「就労系事業」および作業活動や社会参加活動を中心とした「作業・活動系事業」に再編成する。 「就労系事業」は当面は総合福祉法に含めるが，一定期限内に雇用の法律で位置づける。「作業・活動系事業」は総合福祉法。 「就労系事業」等に適切かつ安定した仕事を確保するため官公需や民需の優先発注の仕組み等を整備する。	障害者総合福祉法（仮称）の制定に当たっての具体的改革内容は？ 労働法を適用する場合に生じる権利と義務を明確にすることが必要。労働法規の「一部適用」は労働者保護の観点から認められないことに留意すべき。 賃金補填については，同一労働同一賃金の原則との関係，事業主による職場改善等のインセンティブ，財源，障害年金を含めた所得保障の観点等総合的かつ慎重な検討が必要。
	〈障害者雇用促進法に含めるべき事項〉 障害者権利条約第27条［労働及び雇用］，障害に基づく差別の禁止，合理的配慮の提供の規定を設ける。 雇用義務の対象を，精神	雇用率対象を広げると重度障害者の雇用を阻害しかねないことや事業主に対する過大な負担となるおそれがあることに留意すべき。 「就業上必要な支援を明らかにする総合的なアセスメントの仕組みの導入については，担当職務との関係で，同じ障害を持つ労働者でも，職業生活上の困難度が異なるため，客観的な評価指標づ

	障害者を含むあらゆる種類の障害者に広げる。総合的なアセスメントの仕組み。 対象者の拡大に関連して，雇用率(引き上げ)および納付金制度(納付金・助成金の対象範囲と給付期間)を見直す。 「就労系事業」等への企業の協力(発注，「施設外就労」受け入れなど)を，雇用率に算定する。	くりが困難であることや，また，それにより事業主が障害者であるか否かを判断できないことなどが考えられ，法的安定性や公平性に留意が必要と考えられます。」 発注額などの雇用率算定制度については，雇用を回避する手段とされないよう慎重な検討が必要。
	〈今後の検討課題〉 「就労系事業」にかかわるパイロット・スタディ，国の基幹統計調査で障害の有無を把握，労働と福祉的就労に係る行政組織などの再編など。	試行事業については，有効性や実現可能性の検討，労働政策審議会での検討も必要。
医療 ⑫	〈第１期：精神医療を中心に〉 障害者基本法に，「社会的入院」の解消，「保護者制度」の解消，国ならびに都道府県による精神科病床削減計画と地域医療体制の構築，強制入院の原則禁止と適正手続き・権利擁護の確立，精神医療の質の向上，身体合併症治療のために一般医療の改善，等に係る規定を整備する。 地域生活支援・地域移行に関して，地域移行支援システムの構築，地域移行を妨げてきた障壁の確認と解消，住居確保，生活支援，修学・就労支援，人材育成，当事者の主体性の尊重などの具体策の提案。	別途厚労省内に検討チームを設けての検討が進められている。 推進会議・部会の関連する作業チームでの検討も必要である。

⑬ 障害児支援	〈第２期：医療一般〉 「地域における障害者の生活を支える医療」の視点（「病気を治す医療」偏重の転換）が重要。医療と福祉を総合したケアマネージメントを。 重度身体障害者，重症心身障害者，難病，精神障害者，発達障害者など障害種別の実情をふまえた地域での支援が重要。 医療における障害者差別の解消。医療的ケアを介護者も行えるための制度改善。 医療に係る経済的負担については，障害に伴う費用は無料とすべきとの意見と応能負担にとの意見。	難病対策そのものについては，総合福祉法とは別に検討される必要があり，すでに厚労省内に検討チーム等が設けられている。 どのような状況の難病患者を給付の対象とするかの認定基準がないと制度化は困難ではないか。 「医療的ケア」の範囲拡大には関係者を含めた慎重な議論が必要。「現行制度においても，医療職の手厚い配置が可能な医療型短期入所や，医療保険との２階建ての体系となっている療養介護等のサービスがあり，また，今後はたんの吸引等が可能な介護職員等の養成を進めることで，たんの吸引等が必要な障害児・者が利用可能なショートステイ，通園，在宅支援が増加するよう体制整備を進めていく予定です。」 「看護は当該病院の看護要員により行われるものであり，患者の負担の増大を防止し安全を確保する観点から，現行制度では，看護要員に代替するような付き添いは禁止されています。」 「また，いわゆる『差額室料』については，患者の選択によらない場合や『治療上の必要』により個室に入院される場合は，徴収できないこととされています。」
	〈障害児の基本的権利〉 一人の子どもとして平等に扱われること，最善の利益の尊重，意見表明権，オンブズパーソンの制度化。	「児童福祉法において，具体的な権利を規定することについては，障害者自立支援法や高齢者福祉などの他の福祉法制との整合性や実現可能性等を踏まえた検討が必要と考えられます。」 「また，児童福祉全般に共通する事項については，障害児福祉関係者だけでなく，児童福祉分野のその他の関係者による議論の場で議論されるなど，これらの規定に関して関係者全体の合意を経て決定されることが必要と考えられます。」
	〈児童一般施策における支援〉 身近な地域での支援，児童一般施策から排除しないこと，早期支援，「こども園」（仮称）での支援，放課後児童クラブでの支援，要保	各種児童施策では障害児も当然他の児童一般と等しく保護の対象となることに留意が必要。

	護児童としての障害児，等を制度設計の基本に。	
	〈障害児（福祉）施策〉 身近な場所での専門性の高い療育，使いやすい訪問系サービス（通園・通学を移動支援事業の対象とすることを含む），通所支援の改善，障害児入所施設での「自立支援計画」の策定，保護者・兄弟支援など。	「移動支援について，通園や通学などの利用目的を対象とすることについては，事業者や学校による合理的配慮の議論も踏まえた上で，それぞれの場面において誰がどこまで責任を有するのか，それを踏まえて，どの分野の施策においてどのような対応を行うべきなのかを検討することが必要と考えられます。」
	〈相談支援と「個別支援計画」等〉 地域の身近な場所での相談支援体制，「個別支援計画」の策定，要保護児童対策地域協議会と地域自立支援協議会の連携，月額制を基本とした給付，人材育成など。	「日払い，月払いについては，日払いとしたことのメリット（利用者の選択に資するサービスの組合せ等）や並行通園の実施等を踏まえた検討が必要と考えられます。」

然のことながら）良いとか悪いとかの評価を下してはいない。その立場にはない。ただ作業チームから出されている意見・提言について、これを法案として国会に提出するにはさらに考慮し検討すべき事項があり、最終的な「骨格提言」とするまでにできるだけ検討してほしいという趣旨だとわかる。いわば厚生労働省が考える「障碍者福祉の法制度が満たすべき基本的要件」に照らして、作業チーム報告の難点・不足点を取り上げ、継続的に検討すべき視点を示したものと思われる。

この厚労省コメントは「骨格提言」に影響・反映した点も多い。大きな点では、「利用者負担はなし」とした作業チーム報告であったが「骨格提言」では「原則無償、高額収入者応能負担」となった。また、福祉職員に国家公務員の「福祉職俸給表」を適用するべきとの作業チーム報告であったが、「骨格提言」では大きく修正した。そのほか「骨格提言」では、地方自治体の意見をさらに聞いて具体化すべきとか、「財源確保について広く国民からの共感を得ることは不可欠」とか、まず調査・検討・施行事業を行うべき等、「厚労省コメント」の指摘をふまえた事項もかなりある。

しかし、そのまま受け入れたら新しい障碍者福祉制度の提言にならず、「条約」の実行につながらないと考えられ、「骨格提言」に反映させなかったコメントも多い。逆にいえば、「骨格提言」実現の大きな壁としてこれらコメントが存在しており、この厚労省の考え方を改めさせることなしに「骨格提言」の今後の実現は見通せない。

表3-1の中からこのような「問題の多いコメント」を次の一〇種類に整理した。ただし一〇番目はコメント内容そのものではなく、コメント提出に見られる厚生労働省のスタンスを問題とした。

（1）他の法制度との整合性
（2）権利性をめぐる憲法との整合性
（3）一律公平性・透明性・客観性
（4）財源確保・国民（納税者）理解の必要性

(5) 義務的経費と裁量的経費、地域主権の流れ
(6) 市町村行政の現状
(7) 規制緩和の流れ
(8) サービス体系と報酬制度
(9) 支援責任の明確化と合理的配慮
(10) 政策形成と政府の役割

次の第2節ではこれらについて詳しく分析し、「骨格提言」の実現を追求するためにどう考えるべきかを述べたい。

2　厚生労働省の主な「コメント」とそれへの反論

(1) 他の法制度との整合性

①厚労省コメント

いくつかの点で他制度との整合の必要性を指摘する。

第一に、目的・理念は障害者基本法や児童や高齢者など他の福祉法制との整合性もふまえるべ

きとする。

第二に、利用者負担について、障碍に伴って必要とされる支援は無償とすべきという提言に対して、他の医療や介護の制度との整合性が問われるとする。

第三に、従事者の資格についても、パーソナルアシスタンスの資格要件をできるだけ軽くしてＯＪＴ（日常業務を通じた従業員教育）を重視すべきとの作業チーム報告に対して、福祉サービス体系全体の中でそれぞれの従事者に求められる資質・資格を検討すべきとする。

②筆者の考え

確保すべき整合性は、むしろ憲法、障害者権利条約、障害者基本法、「基本合意」との整合性ではないか。「基本合意」では障害者自立支援法を廃止して新しい法律をつくることが求められ、同時に障害者権利条約と整合する法制度が求められた。こうした新しい国際的・国内的な要請によって「障がい者制度改革」が始まった。

他の福祉制度との横並びを原則にしたら進歩はない。総合福祉部会は制度の抜本改革の提言を政府から求められて出発した。そもそも将来の統合を予定して「介護保険と整合性」をもたせた障害者自立支援法を実施したために多くの障碍者が裁判を起こすにいたり、その廃止を政府が約束したのであった。

当然、整合性、とくに社会福祉法制内部の整合性の確保は重要である。打開策は二つしかないのではないか。一つは、障碍者福祉のみ特殊事情があるので整合性を欠いても問題ないとすること、二つ目は、まず障碍者福祉を改革し、この新しい障碍者福祉と整合性をもたせて今後社会福祉法制全体を改革する計画とすることであろう。

（2）権利性をめぐる憲法との整合性

①厚労省コメント

「給付法」である障害者自立支援法に代わる新法を「権利法」とするのは権利を規定した憲法との関係や、児童・高齢者など他の「給付法」との整合性など、法体系全体の整理が必要、とする。要するに、「権利」を規定しているのは憲法であり、福祉の法律は行政が福祉サービスを「給付する（ことができる）手続き」を定めたものである。権利の保障ではなく、予算の事情などを考えてできるだけ支援するという性格のものにすぎない。社会福祉制度全体がそうであり、その中の障碍者福祉だけ「権利法」とすれば法体系が壊れる、ということである。

②筆者の考え

社会福祉の法制度は憲法第二五条（健康で文化的な最低限度の生活）、第一三条（個人としての尊重、自由、幸福追求）、第一四条（法の下の平等）、第二二条（住居の自由）などに基づくものであり、憲法を具体化するために必要なものであるから支援は権利として保障されるべきである。憲法が権利を保障しても、その権利を実現する手だてが保障されなければ憲法は絵に描いた餅となる。たとえば、憲法が保障する教育を受ける権利は、必要な学校が各地域に設置され、どの子にも就学の手続きが保障され、お金がなくても教育を受けられるような手だてが用意されてはじめて保障される。教育分野の法制度がこれらを確保している。障碍者福祉の制度も同様に、必要な支援が確実に、権利性をもって保障されることを担保するものでなければならない。

むしろ権利法とすることによって憲法との関係が整理される。「給付できる」法では限界があるので「必要な支援が必ず提供される」権利性を備えた制度への改革が必要とされたのであった。「権利法」と「給付法」という背反的区分法がそもそも問題である。

また障害者権利条約も、障碍のない市民と平等な権利（どこで誰と生活するかを選択する権利など）を保障し、その実現に必要な支援を提供することを各国政府の義務としている。この条約と整合する法制度を提言するように求められた総合福祉部会が権利性を伴わない提言をすることは考えられないことであった。

もう一つの問題は、「厚労省コメント」が、障碍者福祉の支援を受ける「権利」を相当軽く理解していると思われる点である。

現実には次のような事例が数多く寄せられている。

・高校卒業をまえに娘が専門学校への進学を考えている。親としてはその学校の保護者説明会に行って是非直接聞いてみたい。しかし市は市外までは手話通訳を派遣できないという。しかも子どもが高校教育以上へ進む場合の支援は難しいという。
・介護体制がないため夜間はおむつをつけなければならない、何とかならないか。
・ガイドヘルプが一カ月一五時間しかつかない。もっと外出したい。
・九〇歳の母が体力低下し、世話してきた次女を精神科病院に入院させて自分は長女のもとに転入した。それしか選択肢がなかった。

これらはコミュニケーション、移動、尊厳に関わるもので、社会権というより自由権の問題である。けっして贅沢をしようというのではない。現実には、こうした憲法的権利が損なわれたままになっている。これを放置することができないから制度改革が求められたのであった。

一般に自由権は最重要視され社会権は補充的なものとされるが、障碍者にとってはむしろ逆転している。移動する、意思疎通をする、安全を確保する、食事をする、排泄するといった自由権の行為をするに際して、社会権としての福祉給付が不可欠であるのだから、障碍者福祉を一般の社会権と同等に位置づけて国に広範な裁量権を認めてはならず、自由権と同等に扱うべきである。これは障害者自立支援法違憲訴訟が提起した重要点の一つである(3)。

障碍者福祉の支援とはこのような性格をもつとの理解をふまえて、「国（厚生労働省）」は「基

(3)　障害者自立支援法違憲訴訟弁護団編、二〇一一『障害者自立支援法違憲訴訟——立ち上がった当事者たち』生活書院

本合意文書」での「障害福祉施策の充実は、憲法等に基づく障害者の基本的人権の行使を支援するものであることを基本とする」という記述に合意したはずであった。

(3) 一律公平性・透明性・客観性

①厚労省コメント

厚労省コメントは、「誰が支援の対象か」「その人にどのような種類と量の支援を提供するか」、という決定の基準・仕組みが全国一律公平で、国民にとって透明で、客観的でなければならないと述べている。どの市町村でも同じに（全国一律に）決定されるということはほぼ公平性の確保と同じ意味で使われており、主観的なものであれば公平性が失われるので、ポイントは公平性と透明性ということになろう。

より具体的には、「誰が支援の対象か」という点については、「例えば、医学的な疾患概念が確立していないもの等（例えば、引きこもり等）を対象とするのか、するのであればどのような状況の方であれば対象にするのかといったことを明確にしていく必要があると考えられます」とする。ここでは客観性・公平性を主にしつつ透明性の要件も念頭に置かれている。

さらに、障害程度区分が果たしている機能（支給決定、サービス対象者の範囲、報酬単価、国庫負担基準）、つまり制度の公平性と限られた資源の重点的配分の機能をどう担保するのかという。障碍の程度は全国一律の客観的指標で評価し、社会的状況はケアマネージメントで考慮すると整理すべきではないかとする。

また、障害者雇用促進法による雇用率制度の対象を手帳所持者に限定せず、雇用支援の必要なすべての障碍者に拡大するために「総合的なアセスメントの仕組み」を導入すべきであるとの作業チーム報告に対して、「就業上必要な支援を明らかにする総合的なアセスメントの仕組みの導入については、担当職務との関係で、同じ障碍をもつ労働者でも、職業生活上の困難度が異なるため、客観的な評価指標づくりが困難であることや、また、それにより事業主が障碍者であるか否かを判断できないことなどが考えられ、法的安定性や公平性に留意が必要と考えられます」という。「障害」の評価は客観的になされるが「職業生活上の困難度」の評価は主観的になるということであろう。

さらに医師以外の専門職などが「機能障害の有無」についての意見書を作成するとの作業チーム報告については「妥当性や信頼性等が確保できるか」懸念を示している。

②筆者の考え

厚労省コメントがこの点（支給決定システムの要件）で最も強調するのは公平性であり、客観性はそれを担保する要素の一つのようである。客観性とは何かについて説明はされていないが、一般的には客観的に測定・評価できる基準によって支援の対象者・種類・量を決めることであろう。評価者・測定者による差が出にくいことが重視され、信頼性という言葉も使われる。

たしかに客観性・公平性は社会制度において重要である。税金による国の制度はその点がとくに重視される。しかし客観性をどんどん追求すると、「一人で近所への散歩・買い物ができるか」より「屋内を三メートル一人で歩けるか」が評価項目として採用され、さらにそれよりも「四五センチの椅子からの起立」（評価者による観察）を採用したくなる。移動支援へのニーズを最もよく反映するのは最初の質問であり、最も客観的で評者間の一致度が高いのは最後の検査である。妥当性を犠牲にして客観性を追求するようなことがあってはならない。

客観性に比べてより複雑なのは公平性という要件である。税支出を伴う公的な制度では公平性は制度設計の重要要素の一つであるが、ここで最も重要なのは何を基準・モノサシとして公平性を測るかである。コメント内容から見て厚生労働省は、障害程度区分（現・障害支援区分）が全国一律で客観的な評価であるので公平性を確保する中核的な装置であるとしている。この障害程度区分とは機能障碍を中心とした一〇六項目（障害支援区分では八〇項目）の「心身の状態」の組み合わせを基本として導き出される区分である。つまり機能障碍の状態を総合した区分を基準に支給決定をすれば公平性が保たれると見ている。

このような機能障碍を基本とした公平性は、少なくとも今日では不公平な面が強まり、機能障碍も参照しつつ総合的にかつ直接的にニーズを把握することが公平であると考えられるようになってきた。「機能障碍に応じた支援」は公平性を保障せず、「支援ニーズに応じた支援」が公平性には必要であるといえる。

たとえば、同じ全盲の三〇歳の男性でも、初めてのところでも一人で移動できるし一人で出歩きたいという人と、移動介護を必要とする人とでは、当然ニーズも支援も異なる。一人ひとり異なるニーズをきめ細かく評価することが公平性の確保にとって最も重要である。なお、二〇一〇年のいわゆる「つなぎ法」で視覚障碍者の移動介護が同行援護として義務的経費（個別給付）の対象となったが、その支給決定では障害程度区分は使わず、視覚障碍と歩行能力のみを使うこととなった。機能障碍を総合的に反映させるとニーズがぼやけるので、移動支援ニーズに直結する部分のみを使うこととなったものである。

以上の議論は何を用いて公平性を見るのかという点であったが、さらに誰との間の公平性を問題とするのか（比較の対象）、という点も考えねばならない。この点では障碍者間の公平性は当然重要である。しかし厚労省コメントはこの点にしか注意が向けられていない。

障碍者福祉の目的は、障碍者が障碍のない市民と平等に地域生活・社会参加ができるように支援することであるので、支援計画の評価はそのような地域生活が目標となっているかどうか、また支援の事後評価は障碍のない市民の地域生活にどの程度近づいたか、という点を見るものでなければならない。他の類似の障碍者にどのような支援が提供されているかを確認してそれと公平な支援とするという視点も必要であるが、支給決定での第一の判断基準は障碍のない市民の地域生活の水準に置かれるべきであろう。障害者権利条約第一九条はこのことの確保を各国に要請している。

したがって支給決定システムは、公平性、透明性、客観性に加えて、妥当性、平等性、公正性などの視点も備えるべきである。すでに欧米では、これらに加えて利用者の満足度や選択性なども評価視点に加えている。

他方、厚生労働省が公平性を重視するのであれば、サービスの地域格差にも一層注意しなければならないはずである。都道府県別のサービス格差も大きい。サービスのほとんどない市町村もある。地域生活支援は地方が自主的に取り組む事業であるために、必須事業であっても実施していない市町村が多い。移動支援や重度訪問介護の支給量の差は非常に大きい。相談支援の体制整備にも大きな差がある。国の税金の不公平な使われ方といえる。この問題の主因は自治体の財政格差であり、公平性の確保のためには、自治体の財政事情を反映しない仕組みとすること、支援が足りない場合に不服を自由に申し述べて再審査がなされやすい仕組みとすること、などが必要とされる。

すでに欧米では機能障碍中心の医学モデルからニーズ把握を中心とした社会モデル・統合モデルへの転換を進めてきた。社会福祉やケアマネージメントの専門職による個別ニーズアセスメントと、そのプロセスでの本人の希望と事情説明が重視されている。コンピュータではなく人（専門職）を信用しているシステムである。日本も国内外の調査、アセスメントツールを含むガイドラインの策定と試行事業などを経て、新たな方式に移行すべきである。実際に、セルフマネージメントでまたは支援付きで本人中心計画をつくり、それを勘案事項として活用しつつ市が独自のガイドラインによって、かつ当事者・支援者と協議をふまえて支給決定する例が総合福祉部会で紹介された。ここではサービス上限を撤廃し、多くの重症心身障碍者を地域で支えてきている。

支給決定システムの改革は新しい障碍者福祉制度を構築するうえで最も重要で困難な課題である。地方自治体や公務員制度にも関係し、専門職制度のあり方にもかかわる。最初から一〇〇点は取れないだろうが、試行事業を丹念に行い、自治体、担当者、当事者が信用され、運用の中で育つ仕組みを開発することが望まれる。自治体、担当者、当事者を信用しない制度からの転換が日本でだけ不可能なわけはない。

（４）財源確保・国民（納税者）理解の必要性

①厚労省コメント

厚労省コメントは「法の目的・理念・範囲作業チーム報告」をはじめとして各所で、財源確保の面で他の福祉施策や国全体の諸施策との均衡を図りつつ、実現可能性や国民的な合意の必要性をふまえるべき、と指摘する。とくに強調しているのは、重度訪問介護の対象拡大、その支援内容に「見守りを含めた精神的安定のための支援」を含めること、「単なる居場所」を日中活動系の個別給付サービスとするかどうか（地域生活支援事業には含まれている）、障碍者支援のみを利用者負担なしとすること、などについての合意の必要性である。

たとえば、「（重度訪問介護の）対象となる障害の範囲の拡大や、見守りを含めた精神的安定のための支援については、障害者一人ひとりに介護職員（ヘルパー）が常時付き添うということになれば、非常に多額の財源及び人材が必要となるため、国民の理解を得ながら検討する必要があります」という。

そして「限りある財源」を意識して次のようにいう。「財源や人材の制約を踏まえ、また、制度に係る費用を負担する国民の理解を得るためにも、一人で地域で生活を営めるような自立訓練や困ったときに対応してくれる相談支援体制の充実といった他の代替手段の活用など、様々な地域資源の活用により総合的に対応することについても検討が必要と考えられます」。ややうがった見方をすれば、「財源」が足りないので「様々な地域資源」で補おう、その「地域資源」には、自律訓練によって高まるはずの障碍者自身の能力、相談支援により動員されるボランティアなどインフォーマルな資源が含まれる、ということである。

さらに「限りある財源」を公平に使う装置としての「国庫負担基準」の必要性を強調する。「国庫負担基準については、訪問系サービスについて、国の費用負担を義務化することで財源の裏付けを強化する一方で、障害福祉に係る国と地方自治体の間の一定の役割分担を前提に、限りある国費を公平に配分するため、市町村に対する精算基準として定めているものであり、介護の必要度が高い者が多い市町村にはその人数に応じて国庫負担を行える仕組みとなっています。国の厳しい財政事情を考慮し、国費を公平に配分する機能については、今後とも必要と考えられます」。そして、この基準を超過して支給する市町村には特例交付金等でカバーしているとする。

まとめると、ベースに財政難があり、障碍者福祉の予算を大幅に増やそうにも国民の合意は得られそうになく、こうした財源不足の中でも障碍者福祉を進めようと在宅サービスを義務経費化して国の責任を重くした。これに伴い当然サービス面での制約も多く、国庫負担基準による制限が必要となり、見守り・居場所確保まで支援するのは困難であり、訓練による自立の促進、相談によるインフォーマル支援の活用などを図りたい、ということのようである。

②筆者の考え

いろいろな角度からこの「財政の壁」論を検討したい。

まず第一に、「財政の壁」を口実として使っているように見られる点である。障害者総合支援法の国会審議でも、財政問題が「骨格提言」実現の最大の壁であるとされた。たしかにお金がなければ実行できないし、お金を確保するには国民の後押しが絶対に必要である。

しかし「家庭の財政」を例に考えると、家族旅行、台所の改修、車の買い換えなどの目標が浮上した場合、まずいくら必要かを考える。そしてこの目標のために他を多少我慢しても皆で協力しようと呼びかけ、話し合う。そして費用の捻出が困難だとわかると、旅行の規模を縮小したり、改修や購入の時期を延期したり、やめたりする。目標を掲げたのに必要な予算を想定することもなく、その捻出の協力を家族に求めることもないということはありえない。

こう考えると政府においてもまず調査したらよい。「骨格提言」実現にはいくら要るのか、いくら足りないのか。都市部・農村部の二〇〇〇人でも一万人でも、全国推計がほぼできる程度のサンプル数の障碍者を対象に、平等に、安心して暮らすための必要なサービスの種類と量はどうか、現在のサービスと比べてどれだけプラスの必要があるのかを調査する。当然単なる「要望」調査ではなく「客観的なニーズ把握」となるような設計が必要である。これを全国推計に換算して国と地方はあといくら増やせばこのニーズを満たせるのか推計し、そのデータを公開し、国民に協力を求めるべきであろう。その際、現状では障碍のない市民との生活の格差がどうなっており、その追加支援によってどれだけ縮まるのか、その推計もあわせて提供する。

「骨格提言」全体の予算推計はすぐには難しいとしても、緊急で優先度の高い施策から推計をすることは可能であろう。たとえば、精神科病院の長期入院者で退院可能でかつ退院を希望している人は何人おり、どのような地域資源があれば退院できるのか、その費用はいくらか、現在の入院費用に比べていくら追加財源が必要なのか。これを国民に示して理解を求めるのが「納税者の合意を得る」という作業であろう。

調査・推計もせず、それをふまえた年次計画も検討せずに「財政の壁」をいうとすれば「財政の壁」を口実に使っているにすぎない。「骨格提言」の実現が必要であると認識し、実現しようという意志があれば、その壁を打開すべく、つまり国民の理解と合意を形成する具体的な行動が取られるはずである。

第二に、自立支援法の廃止と総合福祉法の実施とは民主党の政権公約であり、かつ、裁判の和解文書での政府としての約束である。国民理解が得られた証明としてこれ以上明確なものはないのではないか。

第三に、人間の尊厳のための支援は借金してでも行わねばならないという点である。そもそも財源不足を理由にすることができない事項である。

家庭の場合でも、たとえば火事を起こす危険があるので台所の改修は必須という事態もありうる。予算がないなどと言っておれず、借金してでもやらねばならないことがある。

本章第2節(2)「権利性をめぐる憲法との整合性」で紹介したように、支援不足によって人間としての尊厳を傷つけられている事例が多い。中には「統合失調症の五三歳の娘が首を絞められて死亡し、事情聴取を受けた父親が二日後に自殺した。父親は娘の扶養責任を感じ最近その負担感を一層強めていた」という事態までも起きている。

このような事例が生まれないようにする制度を確立することが憲法に基づく国の義務であり、

障害者権利条約の批准によってその義務を果たすことがより緊急に、具体的に求められることとなった。このような法令に基づく義務の履行については、改めて「国民の理解の有無」を問題にすべきことではなく、国民が当然のこととしてそれを政府に求め、命じているとの理解を前提とすべきである。

この点で注目されるのは、二〇一二年四月和歌山地裁が、「公的介護保障時間（介護保険＋障害者自立支援法）＝必要な介護時間－家族が大きな無理なく介護できる時間」という考え方を示したことである。市町村の財政に言及せずに必要な公的支援の量のあり方を示したものである。

第四に、国際的には「財政の壁」という理由は成り立たないという点である。「骨格提言」も紹介しているように、障害福祉サービス（障碍者に対する現物給付）の予算のOECD（経済協力開発機構）諸国の対GDP（国内総生産）比平均を見ると〇・三九二％（小数点第四位を四捨五入）であった（OECD OCX 2010。二〇〇七〔平成一九〕年データ。三四カ国のうち、データなしのアメリカ・カナダを除く三二カ国を集計）。ところが、日本はこの半分の〇・一九八％（一兆一一三八億円に相当）であり、OECD諸国の中で第一八位であった。これを平均値並み（GDPの〇・三九二％）に引き上げるには、GDP比〇・一九三％（約一兆八五七億円）の増額が必要であり、総計で現在の約二倍に当たる二兆二〇五一億円となる。

他国の状況を見ても、日本では障害福祉サービスの費用をこれ以上増やすのがとくに困難であるというには無理がある。

第五に、財政コントロール（財政的持続可能性）を主眼とした障害者自立支援法の誤りを繰り返してはならないという点である。障害者自立支援法は、「財政的持続可能性」を第一の基準に、ニーズに沿った支援を第二の基準に制度設計されたと思われる。そのため第二の基準が犠牲となり必要な支援が提供されない事態が生まれ、かつてない規模の違憲訴訟が発生し、政府も反省してこの法律を廃止し、憲法に基づく基本的人権の行使に資する新たな総合的な福祉法制を実施すると約束することとなった。

こうした経過から、「骨格提言」が示す障害者総合福祉法はニーズに沿った支援を第一の基準に、財政的持続可能性を第二の基準にしたものとなった。

第六に、障碍者支援の経済効果を考える必要があるということである。

「骨格提言」（八九頁）は次のように述べている。

「障害者の福祉施策関連予算については、決して一方的な消費だけではなく、高齢者や子どもの支援策と合わせて、それ自体が地域の経済効果に波及するという見解が示されつつある。企業以上に全国規模で満遍なく設置の可能性が大きい事業所は障害者等の事業所であり、いわゆる雇用創出の観点からだけでも有効性が期待される。」

これに加えて、障碍者福祉では、障碍者本人の雇用への移行、家族介護者の雇用への移行、事業所の存在と活動が啓発・教育効果をもたらすことなどがあり、これらはすでに厚生労働白書（平成二二年版、一五六頁）においても指摘されている。

(5) 義務的経費と裁量的経費、地域主権の流れ

①厚労省コメント

ナショナルミニマムを保障する政府の義務を法定化すべき、という作業チーム報告に対して、可能なものはできるだけ地方自治体にゆだねる「地域主権戦略大綱」（閣議決定）に沿った改革が必要とされる、とする。この「大綱」では国が使途を定める「ひもつき補助金」を廃止し一括交付金化を進めており、その逆方向の提案をされてもほとんど実現性はないといっているようである。

また現実的にも市町村間格差が大きな現状で全国一律の支援最低ラインは可能かどうか、つまり、先進地域に合わせれば遅れた地域はついてこれず、遅れた地域に合わせれば先進地域のサービス水準を下げる恐れがあるのではないかという。

厚労省コメントでは、

・主たる財政責任が国・都道府県（義務的経費・負担金）にあるか、市町村（裁量的経費・一括補助金）にあるか、

・全国一律の基準で実施されるか、市町村による柔軟な運用が可能か、

・個々の障碍者について支給決定される個別給付（自立支援給付）か、そうでない（地域生活支援事業）か、

の三点がセットにされる。そして「全国一律の基準で義務的経費により実施する自立支援給付、地域の実情等に応じて（一括）補助金により柔軟に実施する地域生活支援事業のそれぞれのメリットを踏まえて、サービス毎に検討される必要があると考えます」という。

地域生活支援事業に残しておいたほうがよい理由として厚労省コメントで述べられている柔軟性とは、「移動支援」については「一対複数で行う移動支援やバスなどを利用した移動支援など様々な形態の移動支援」に対応できること、「コミュニケーション支援」については、「行事や会議など複数の利用者がいる場合にも柔軟性のある支援」が行えること、をあげている。また、「身体の欠損又は損なわれた身体機能を補完等するものを自立支援給付である補装具費として支給する一方、日常生活用具給付等事業は、障害者の日常生活の便宜を図ることを目的としていることから、個々の利用者の状況に応じて柔軟な取扱いができるよう」地域生活支援事業としていると説明する。

②筆者の考え

基本的には住民に身近な基礎自治体が広い裁量権をもって障碍者福祉の支援に当たることは、ニーズの実現という観点からも望ましいことである。しかしそれは、地方自治が発達した社会で、

必要な支援を受けることについての権利性が確保された法制度の下でなければ、格差を拡大することになりかねない。万が一ニーズへの対応をおろそかにする市町村が現れた場合でも、本人が正当に訴えることができ、それを支える権利擁護の仕組みが確立していることが条件であろう。

作業チーム報告は、放置できない地域格差があることからナショナルミニマムの法定化を求めた。障碍者が地域で安心して暮らせるのかどうか、命と生活の保障をどうするのか、つまり国の憲法的な責任が問われている課題について、自治体の自由裁量の拡大を論ずるべきではない。二〇一〇年六月二二日の閣議決定「地域主権戦略大綱」でも、とくに社会保障・義務教育関係については、「国として確実な実施を保障する観点から、必要な施策の実施が確保される仕組みを検討する」としている。

また、義務的経費・画一的・個別給付、裁量的経費・柔軟・地域生活支援事業とセットでの対比にも問題がある。中心課題は、市町村が必要と判断して提供したサービスの費用の二分の一を国が、四分の一を都道府県が責任をもって負担をする仕組みとすること（義務的経費化）である。手話通訳の集団での利用など柔軟な提供が義務的経費で認められないという説明には説得力はない。全国共通の提供方法の範囲内であれば個別給付でなくても、たとえば車を利用しての移動も認めることは可能である。視覚障碍者の移動支援が二〇一〇年の法改正で「同行援護」と義務的経費化されたが、とくに画一的で使いにくくなったという声は聞こえていない。義務的経費でもたとえば過疎地では入所・通所施設の定員を下げるなどの「柔軟な」運用が認められてきた。定員を減らすことも「画一性」を修正し、「公平性」を確保する方策である。

(6) 市町村行政の現状

①厚労省コメント

全国の自治体で円滑に運用できるよう実情や意見をふまえた検討が必要という。「たとえば横浜市では一万一七三〇人のサービス利用者がおり、そのアセスメント、協議・調整を行うために必要な職員の配置や資質の方策をどうするか、自治体の意見も聞いて検討すべき」であるとする。

②筆者の考え

これはそのとおりであって、実施には十分な準備が必要とされ、さらにそのまえに自治体関係者と政府・関係者との間で実施体制のあり方の総合的な検討が必要とされる。

従来の日本の障碍者福祉の行政は、基本的には行政官が法令・通知・基準をもとに事務的に進めることができる仕組みとされてきた。使われる情報は本人による申請書、障害者手帳、医師の診断書や意見書で足りた。障碍者福祉の詳しい知識も、ニーズ評価の専門性もそれほど重視されず（むしろ個別評価はしてはならないとさえ考えられ）、いわば行政モデル＋医学モデルで進められてきた。

この仕組みを転換して個別ニーズ評価と協議・調整ができるようにするには相当大きな実施体

制の改革と、アセスメント基準の開発などの専門性の強化が求められる。近年の動向を見ると、市町村職員体制の改革よりも、外部の相談支援事業を充実させてニーズ評価や個別サービス利用計画を拡充する方向、すなわち行政の支給決定機能と相談支援事業者のケアマネージメント機能の組み合わせがめざされている。これがヨーロッパとは異なる日本での現実的な方向とも思われるが、同時に相談支援事業の独立性や権利擁護機能の組み入れなど「骨格提言」の提起が生かされるべきである。

(7) 規制緩和の流れ

①厚労省コメント

エンパワメント事業は当事者・家族が過半数の協議体が運営するとあるが、「新成長戦略実現二〇一一」では参入規制の緩和を進めていることを考慮すべき、という。

②筆者の考え

たしかに必要性の少ない、根拠の曖昧な規制ははずしたほうがよい。しかしエンパワメント活動やピアサポート活動は、これまでの実績からも当事者中心の自立生活センターや障碍当事者団体、家族団体の取り組みがとくに効果的であることは多くの関係者が認めている。当事者中心の運営主体に参入の優先権を与え、それが見あたらない地域ではその他の団体による運営も認めるなどの工夫があってよいのではないか。

（8）サービス体系と報酬制度

①厚労省コメント

作業チーム報告ではサービス事業を細分化せず、目的・機能別のシンプルな体系にすることを提言したが、「厚労省コメント」では、事業ごとの具体的な目的に応じて必要な人員（資格や専門性、人数）を配置できるような細かい事業体系・報酬体系が必要であるとする。たとえばグループホーム・ケアホームを一元化し、軽度者重度者の共同利用とした場合の支援体制のあり方（人員配置基準等）や、外部サービスとの関係はさらに検討すべきとする。

その他事業所への報酬関係では、「福祉職俸給表」の法定化は障碍以外の分野で働く人々との整合性や民間事業者の職員給与水準を国が規制することの妥当性等を考えると難しい、事業所への報酬の改善は、財源もふまえ、事業所の経営実態やサービス利用実態などの客観的具体的なデータに基づいて検討すべきである、「加算をなくした場合には、評価が一律となることや専門職を配置するインセンティブ等がなくなる等のことに留意する必要があり、個別に慎重な検討が必要と考えられ」る、「日払い、月払いについては、日払いとしたことのメリット（利用者の選択に資するサービスの組合せ等）も踏まえた検討が必要」などとする。

②筆者の考え

事業ごとの目的・機能を細かく区分して配置すべき職員の種類・資格や数を区分すれば、利用する障碍者一人あたりの報酬単価の計算はしやすい。こうしてかつては、対象とする障碍者の機能障碍の種類、重度かその他かの別、授産か更生かの別、等によって事業（施設）の種類を細分化してきた。

しかしその結果、個々の種別の施設数は少なくなり、自宅から通う負担が大きくなる。また障碍程度が重度化するなどの変化に対応して、障碍者自身が移動する必要があった。事業中心ではなく利用者中心の支援への転換が求められており、「可能な限り身近な場所での支援」という理念も障害者総合支援法に盛り込まれたことを考えれば、制度のシンプル化を追求すべきである。できるだけ多機能の施設を多数設け、一つの場所で多様な支援が利用できるようにする必要がある。「骨格提言」では「デイアクティビティセンター」として「作業活動支援、文化・創作活動支援、自立支援（生活訓練・機能訓練）、社会参加支援、居場所機能等の多様な社会参加活動」が可能な日中活動の場を提言している。しかもそこでは医療的ケアの必要な人も利用できるようにすべきである。すべての「デイアクティビティセンター」にあらゆる機能をもたせるのは大規模化となり現実的ではないが、可能な限り多様な機能をもたせることが望まれる。利用者の側にサービスが近づくことが望まれる。

事業者への報酬制度については、営利企業の参入、障碍福祉サービスの商品化に伴うマイナスの影響によって苦しめられている面が大きく、どのようにして是正できるかの検討が重要である。

まず事業所への報酬の改善には「厚労省コメント」がいうように客観的具体的なデータが必要である。そこで重要なのは事業種別ごとの経営実態調査結果で、報酬単価は黒字の多い業種には下げ、赤字の多い業種には上げることが基本となる。しかし営利企業は賃金や労働条件を切り下げ、サービスの質を落としても黒字を確保するし、それが困難になれば事業から撤退するので、赤字決算を出すことはまれである。

サービスの質を担保する仕組みが確立されていないままでの経営状況調査の結果を「活用」すれば、営利企業の参入が多い事業種別はますます運営難となる。

多様な加算制度も現場の事務量負担を重くしているが、これも営利企業の性格に合わせたものであり、経済的インセンティブに頼らなければ目的を達成できないものへと障碍者福祉が変質しつつあることを表している。

営利企業の参入という時代の変化の中で、利用者と職員の権利を守り、サービスの質を確保するためには「経済外」の仕組みや規制が必要であり、市町村・都道府県の監督機能の強化、権利擁護、苦情解決、第三者評価、利用者参加、地域住民参加、公開性・透明性の確保などの総合的確立が望まれる。障碍福祉サービスは、頼りになる社会的インフラとして住民が育てて見守る制度に成長させなければならない。

（9）支援責任の明確化と合理的配慮

①厚労省コメント

作業チーム報告ではシームレスな支援（制度の谷間の解消）が課題とされ、通勤・通学・入院時の支援の費用を雇用、教育、医療、福祉などの間で調整すべきだとした。それに対してコメントは、行政分野間の財源調整の前に、通勤・通学・入院時等の場面での合理的配慮の議論もふまえ、誰が責任を負うのかの議論が必要だとする。

この点は障碍児支援の場合も同様で、「移動支援について、通園や通学などの利用目的を対象とすることについては、事業者や学校による合理的配慮の議論も踏まえた上で、それぞれの場面において誰がどこまで責任を有するのか、それを踏まえて、どの分野の施策においてどのような対応を行うべきなのかを検討することが必要と考えられます」とする。

これは、雇用、教育、医療、福祉などの公的制度のどこが責任をもつべきかの議論とともに（議論より前に）、そもそも行政の責任か事業者による合理的配慮の責任かを検討すべきだという意味である。合理的配慮はまた、「ガイドヘルパーの入場料や交通費については、今後、差別禁止部会において検討される合理的配慮の考え方等を踏まえた検討が必要と考えられます」という部分にも出てきている。「制度の谷間」を公的な責任によってではなく合理的配慮という私的な差別解消アプローチで解消する可能性も検討すべきということである。

また、「医療ニーズへの対応については、看護師の確保の観点も踏まえ、訪問看護との連携により対応していくことなども考えていく必要があると考えられます」と、他制度の活用の検討もすべきとする。

さらに、病院での看護は医療の制度でカバーすることとなっており、看護要員を代替するような付き添いは禁止されているとして、慣れた介護者が病院内でも介護や意思疎通支援を行えるようにとの作業チーム報告に難色を示す。

②筆者の考え

まず第一に「行政の責任か事業者による合理的配慮の責任か」という問題提起がなされている。これは相当大きな問題提起のように思われる。つまり、障碍者に対する支援が、行政法的な分野で保障されるべきか、民法的な差別解消という文脈でなされるべきか、すなわち国や自治体の税金を用いてなされるべきか民の自主努力でなされるべきかという論点である。

障害者権利条約第二条が定義するように「『合理的配慮』とは、障害者が他の者との平等を基礎として全ての人権及び基本的自由を享有し、又は行使することを確保するための必要かつ適当な変更及び調整であって、特定の場合において必要とされるものであり、かつ、均衡を失した又は過度の負担を課さないものをいう」。同条ではまた、「合理的配慮の否定」も「障害に基づく差別」として禁じている。

この定義から「合理的配慮」とは、相当程度個別性の強い、「特定の」配慮であって、多くの障碍者に共通する「配慮」は含まれないと見るべきだと思われる。すなわち学校教育に手話通訳を入れたり、デパートに「多目的トイレ」を設けたりする対応は、多くの障碍者に共通して必要とされることであり、合理的配慮とはされない。

たしかに障碍者支援には公的に行うべきもの（障害年金や訪問介護サービスなど）もあれば事業者の合理的配慮として行うべきもの（たとえば点字メニューの置いてないレストランで店員が口頭で説明するなど）がある。この中間に位置する多様な支援が誰の責任で保障されるべきかについては個々に議論すべき余地がある。

しかし作業チーム報告が問題にしているのは、通勤・通学の介護や医療機関内での介護という、多くの障碍者が共通して必要としている支援である。介護はかつては家族責任とされていたが、戦後は公的な支援として発展してきた。しかし通勤・通学の介護などは雇用、福祉、教育、医療などのいずれの制度でも対応がなされずに「谷間」として残されてきた。その解消を求めているのである。

職場内で車いす利用者が落とした物を拾ってあげたり、社員食堂でお盆をテーブルに運んだりというレベルであれば合理的配慮とも考えられるが、毎日の通勤・通学の介護となるとまったく異なる。これを合理的配慮とする可能性を検討するとすれば合理的配慮の概念理解が誤っている。

第二に、もう一つのポイントである医療機関内での介護や意思疎通支援のあり方である。「厚労省コメント」は、病院内では必要な看護・介護は「完全看護」制度のもとで「医療」（医療保険）がカバーしているので、障害者総合支援法による「重複支援」は認められないとしているようである。しかし現実の病院の体制は、普段介護の必要のない人が病気や医療に伴って必要となった介護（食事や着替えなど）を提供することによって、かつて「付添婦」や家族の泊まり込みの負担で社会問題となった事態をなくそうということである。普段長時間の介護を必要としている障碍者に対してその在宅での介護を病院内で代替するものではまったくない。

現実に医療機関サイドでも、言語障碍の重い障碍者や二四時間介護を必要とする障碍者に対する「看護」に限界を感じており、医療と福祉の垣根を取り払った制度運用が求められている。

⑩　政策形成と政府の役割

以上、「厚労省コメント」の内容面の問題点を取り上げてきたが、このコメントの提出の仕方などについての問題点も指摘しておきたい。

第一に、「厚労省コメント」のスタンスに疑問を感じざるをえない。

二〇一〇年四月二七日の第一回総合福祉部会では担当の山ノ井和則政務官は「皆さんの力で、世界に誇れる日本の障害者福祉をつくってほしい」と激励した。しかし翌年二回にわたる厚生労働省のコメントは、「条約」や「基本合意」などをふまえた「改革」を第一原理とするのではなく、他の福祉制度との整合性、財政事情、地方分権の流れ、自治体の実情等を理由に「改革しない」を第一原理とするように感じられる。一年足らずの間にまったく逆のスタンスを示すのは総合福祉部会に対してあまりにも失礼である。

第二に、総合福祉部会の「基本方針提起」の役割と厚生労働省の「法制度に具体化」する役割との違いがある。

もともと、障碍者の意見を十分に聞くことなく策定された障害者自立支援法の失敗をふまえて、新しい障碍者福祉制度の骨格を障碍者を中心とする総合福祉部会で提案してもらうという趣旨であった。したがって、「厚労省コメント」の中で、「さらに……の点について検討する必要がある」としている部分は、「部会」「作業チーム」への批判というよりは、報告を受けた厚生労働省の責任を述べたものともいえる。「部会」が改革の方向を示し、厚生労働省はその具体化を図る（たとえば「他の制度との整合性」という「壁」をどう解決するかなど）というのが主要な役割である。

しかし、「骨格提言」決定後の半年間の厚労省の取り組みは、その実施・実現に向けての具体的検討とはほど遠いものであった。

第三に、政治主導の必要性が改めて認識される。

「厚労省コメント」は官僚の作文という印象が強い。官僚は現行法遵守を志向し、政治は必要に応じてその改革を志向する。担当大臣や政権党の明確な意思がなければ、現行法制度、横並び、予算の制約などが前面に出て官僚が改革を潰すことになる。

今後の「骨格提言」実現への取り組みにおいては、「政治」が本来の役割を果たすことが不可欠である。

「はじめに」でふれたように、これまで厚生労働省は障碍者福祉の法制度を設計し、改正する際にどのような要件・視点を重視しているかを（少なくとも総合的に）開示することはなかった。今回の「厚労省コメント」はそれらを初めて示したものである。

その内容は、「他制度との整合性」の重視など「改革」よりも「継続」を志向している。したがって制度の改革にはこれらの一〇項目に対抗する障害者権利条約などの理念やそれをふまえたしっかりした政策論、そして適切な「政治主導」が必要とされることも明らかとなってきた。

本章での「筆者の考え」は十分な政策科学的な分析を経たものとはいえない。たとえば、「公平性」の概念の検討やこれまでの使用例の分析、義務的経費事業における「柔軟な運用」の可能性の検討、福祉サービスにおけるナショナルミニマムの検討、契約制度の下で「報酬」が適切に従事者の賃金に反映される仕組みの検討、などがなされねばならない。個別ニーズ評価における公平性・客観性の確保に関する国内外の実例の分析も非常に重要である。こうした課題についての関連学界での研究も必要とされる。

「障がい者制度改革」の成果の一つとして、国でも地方でも利用者参加、障碍者参加の政策づくりが始まりつつある。障碍者の権利と社会参加の状況は、障害者権利条約の水準と比べて依然大きな開きがあり、それを解決するための制度改革は不可欠である。政府・自治体と障碍者・関係者が改革の課題・目標を共有し、相互に腹を割って政策論的な視点の違いを意識しつつ、できるだけ論理的に協議して合意を形成しなければならない。

本章で取り上げた「厚労省コメント」と「筆者の考え」が、こうした議論と研究の基礎または材料として活用されることを期待する。

終章

「すべての人が暮らしやすい社会」の実現をめざして

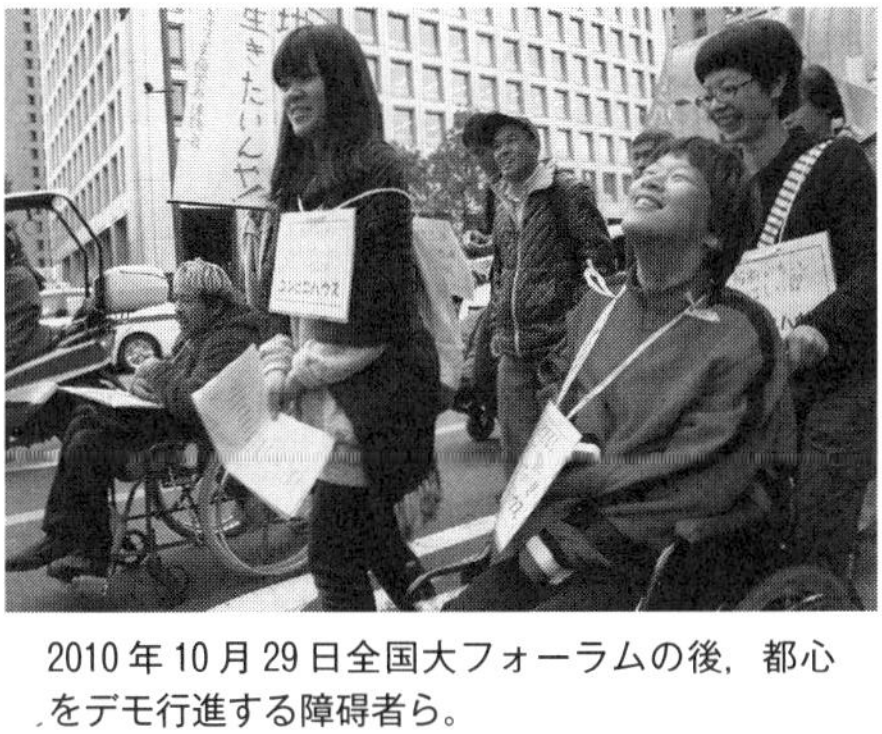

2010年10月29日全国大フォーラムの後，都心をデモ行進する障碍者ら。

1　「古い器」の崩壊と「新しい器」の形成

「障がい者制度改革」は、たまたま湧き起こったこととは思われない。小泉構造改革・新自由主義路線によるいきすぎた格差への反発が二〇〇九年総選挙で民主党政権を生み出し、その選挙公約であったために「改革」が始まったという側面はあろう。しかしそれだけでは表面的にすぎる。政権交代はきっかけを与えたが、遅かれ早かれ「古い器」（これまでの障碍者政策・障碍者制度）ではもうもたない時期にさしかかっていると見るべきである。

そのように筆者が判断する根拠は、第一に、国際的にも国内的にも、社会の中での障碍者の位置づけが戦後七〇年間で大きく変わったことであり、第二に、わが国でも障碍者が普通の市民としての生き方を追求し、そのために必要な支援を権利として主張するようになってきたからである。これらの変化は止めようがなく、これに「なじむ」政策・制度ができるまで改革は続くと考えられる。

■ 障碍者の位置づけ（障碍者観）の変化

今日の世界の人権理念の基本は一九四八年の国連「世界人権宣言」である。その第一条で、

「すべての人間は、生れながらにして自由であり、かつ、尊厳と権利とについて平等である」とし、第二条は「すべて人は、人種、皮膚の色、性、言語、宗教、政治上その他の意見、国民的若しくは社会的出身、財産、門地その他の地位又はこれに類するいかなる事由による差別をも受けることなく、この宣言に掲げるすべての権利と自由とを享有することができる」（一項）としている。

すでにこの宣言に「心身障害」という言葉は登場していたが、それは「失業、疾病、心身障害（注：原文ではdisability）、配偶者の死亡、老齢その他不可抗力による生活不能の場合は、保障を受ける権利を有する」（第二五条一項）というくだりであって、総合的な権利と自由の主体であることを明示した第二条には登場していない。

「すべての人間」には障碍者も当然含まれる。しかし、第二条にはなく第二五条で登場するということは、障碍者が当時、主として社会保障の対象（保護の対象）として意識されていて、自由と権利の主体という面はあまり意識されていなかったことを物語っている。

第二五条の例示はすべて「労働能力の損傷」という属性をもつ人々であり、第二条の「人種、皮膚の色、性……」など「労働能力の損傷」に関わりのない属性の人々とはまったく異なるカテゴリーで認識されていた。先進国でも社会保障がほとんどない時代、障碍者はまず保護の対象と見られ、大規模入所施設がたくさん作られた。国連の障碍者政策も、このような医学モデルから出発せざるをえなかったのである。

わが国ではこの障碍者観が依然として根強いことを、「骨格提言」は「はじめに」で次のように指摘する。

「わが国の障害者福祉もすでに長い歴史を有しておりますが、障害者を同じ人格を有する人と捉えるよりも、保護が必要な無力な存在、社会のお荷物、治安の対象とすべき危険な存在などと受けとめる考え方が依然として根強く残っています。

わが国の社会が、障害の有無にかかわらず、個人として尊重され、真の意味で社会の一員として暮らせる共生社会に至るには、まだまだ遠い道のりであるかもしれません。」

このような「世界人権宣言」の限界はその条約化である「国際人権規約」にもひきつがれ、これを克服する努力は、一九七五年「障害者の権利宣言」、さらに一九八一年の「国際障害者年」、一九八三年からの「国連・障害者の一〇年」、一九九三年の「障害者の機会均等化に関する標準規則」へと続いてきた。しかしいずれも条約のような法的強制力のないものであった。

国連では、一九八〇年代と九〇年代に障害者権利条約の提案がなされたが時期尚早と退けられ、九〇年代の障害のあるアメリカ人法（ＡＤＡ）をはじめとする世界の障害者差別禁止法の制定を背景に、ようやく障害者権利条約のための特別委員会の設置が決議されたのが二〇〇一年、その報告に基づいて「条約」が採択されたのが二〇〇六年の国連総会となった。

「条約」は第一条「目的」で、「全ての障害者によるあらゆる人権及び基本的自由の完全かつ平等な享有を促進し、保護し、及び確保すること並びに障害者の固有の尊厳の尊重を促進することを目的とする」（政府公定訳）とした。

障碍者は「保護の対象」から「平等な市民」「権利の主体」へと、社会のもつ障碍者観が転換したといえる。「世界人権宣言」から半世紀以上たって、ようやく社会の中での障碍者の位置づけが変わってきたのである。

これは「条約」という文書上の変化であるが、その背景には現実の変化（平等に社会参加する障碍者の増加、それを支える法制度をもつ国の増加）がある。この現実の変化を生んだものは障碍者自身の奮闘であり、民主主義の発展であり、リハビリテーション関係を含む科学技術の発展であり、世界の富の発展である。こうした現実の変化をより多くの国で、より速いスピードで実現すべく「条約」が採択されたものである。現実の変化が障碍者観の変化を促し、新しい障碍者観に基づいて古い制度や社会的対応が改められ、新しい現実が生まれるという発展サイクルが、世界的な規模で確実に進行してきた。

「骨格提言」はこの歴史的流れの中での日本における羅針盤であり、遅かれ早かれ実現することになる。

■障碍者の生き方の変化

二〇〇六年度から施行された障害者自立支援法の下では、通所施設で月八〇〇〇円しか工賃がないのに利用料二万二〇〇〇円が請求される、負担軽減を申請しようとすると家族全員の預金通帳の写しを求められる、食事・移動やトイレにお金がかかるのでは生きてゆけない、など主に利用者負担をめぐって悲痛な声が上げられた。全国で七一人の障碍者・家族が違憲訴訟に訴える戦後初めての事態となった。

その和解以降も、多くの訴訟が続いている。二四時間介護など長時間介護を求める訴訟、市外への手話通訳派遣を求める訴訟、六五歳となり一割負担の介護保険が優先とされ障碍者福祉を併用できなくなったのは違憲だとする訴訟、慣れた在宅のヘルパーに入院時介護を依頼したが障碍者福祉からは支給できないとする市に対する訴訟、電動車いすの費用補助を求める心臓機能障碍者の訴訟……。おそらく訴訟まで行かないものの訴訟の数十倍、数百倍の不服審査請求があると考えられる。

一方で、通学や学内生活に介護を要する障碍者があちこちの大学に入学し、弁護士になろう、社会福祉士になろうなどと夢の実現をめざすようになった。こうした社会参加の意欲の高まりと、通学の介護を禁じている障害者自立支援法・総合支援法との矛盾は限界に近づいている。

自分なりの人生の目標や希望をあきらめる必要はない、普通の市民として暮らしたい、必要な支援を活用しつつ社会参加したいという障碍者が格段に増えてきたように思われる。我慢することや泣き寝入りが当たり前とは考えない障碍者や家族が増えたのではないか。以前から権利を主張して奮闘する障碍者はいたが、桁違いに急増したのではないか。「条約」や「基本合意」や「骨格提言」が伝えるメッセージが、多くの障碍者にとって、とくに若い世代の障碍者にとって、絵に描いた餅ではなくなりつつある。それらが示す権利を自分の生活や人生に活用できるツールと考える人が増えたのではないか。また、それを応援する家族、弁護士などの関係者が増えてきたのではないか、と思われる。

今回の「制度改革」の主要な推進力は日本障害フォーラム（ＪＤＦ）など障碍当事者団体の連帯した運動であるが、その土台にはこのような「個々の」「普通の」障碍者の生き方の変化がある。障碍者団体のリーダーたちが外国生まれの理念を叫んでいるのとは様相がまったく異なる。

こうした障碍者の生き方と、「問題のある要保護者」という従来の障碍者観や、その障碍者観をベースにした、自己責任・家族責任が基本であり社会的・公的支援は権利ではないとする法制度との矛盾は、激化せざるをえない。この矛盾は「条約」の批准とともにより激しくなる。古い器がいつまでももちこたえられるとは思われない。

2 「骨格提言」と社会福祉界

こうして、歴史的必然として「骨格提言」は実現してゆくものと考えられるが、その進み方には多くの要因が影響する。その要因の一つとして、社会福祉関係者の対応を考えてみたい。

筆者も社会福祉系大学の教員であり、社会福祉関係のいくつかの学会に所属しているのであるが、今回の「障がい者制度改革」とくに障碍者福祉の改革に際しては、「社会福祉界」の関与が十分ではなかったと反省される。

障碍者団体はJDFに結集しつつ、総合福祉部会での「骨格提言」づくりと並行して、たびたびアピールを出したり集会を開いたりして働きかけを強めてきた。

一方、障碍者団体以外の関係者（専門職団体や事業者団体の代表や学識経験者など）も数多く部会の委員に含まれており、改革提言づくりに重要な役割を果たしたのであるが、部会の外からの取り組みはあまり見られず、全体としては改革の推移を見守るというスタンスだったように思われる。

そうした中で二〇一一年四月、社会福祉関係六団体連名で「障害者の相談支援に関する要望書」(1)が出された。相談支援は部会での重要な検討課題の一つであり、社会福祉専門職にとって最も重要な役割であった。「要望書」は、「『障がい者総合福祉法』の制定にあたっては、障がい者が地域で安心して尊厳のある生活を続けられることが最も優先されるべきことであり、相談支援はそれを果たすための中核となる支援です」とし、相談支援のための予算確保、そして社会福祉士や精神保健福祉士の活用を求めた。

これと比較して専門職団体の立場からより明確に「骨格提言」の方向を支持した「見解」[(2)]を表明したのが、上記連名にも含まれている日本精神保健福祉士協会（ＰＳＷ協会）であった。筆者を含め部会委員の多くがこの「見解」に励まされた。

この「見解」の一部を下記に紹介した。

○相談支援は、障害者が地域で自らが望む生活を送ることを実現するために、「相談」を通じて障害者本人のニーズを確認し、自立生活の実現に必要な支援サービスを組み立てるため

（１）第一三回総合福祉部会（平成二三年四月二六日）追加参考資料四「障害者の相談支援に関する要望書」。要望書の宛先は「障がい者制度改革推進会議総合福祉部会長佐藤久夫殿」で、平成二三年四月一二日の日付、社会福祉関係六団体の会長の連名となっている。六団体は、日本社会福祉士会、日本精神保健福祉士協会、日本医療社会福祉協会、日本ソーシャルワーカー協会、日本社会福祉士養成校協会、日本精神保健福祉士養成校協会、日本社会福祉教育学校連盟。

（２）第一三回総合福祉部会（平成二三年四月二六日）参考資料三「今後の障害者の相談支援のあり方に関する見解」二〇一一年二月一〇日、日本精神保健福祉士協会

に機能しなければならない。なおかつ、本人の意思を最大限尊重し、必要な場合は相談支援を担当する者が代弁するといった権利擁護の機能を併せ持つ必要がある。

○（障害程度区分の）認定調査項目は、介護保険の要介護認定調査項目に手段的日常生活動作（ＩＡＤＬ）に係る項目および行動障害に関する項目、精神面等に関する項目が加えられているものの、これらの調査項目や調査員による特記事項および医師の意見書を勘案しても、障害者本人の真のニーズを反映した支援量および支援内容の支給決定にはつながっていないのが現状である。

○何らかの機能障害を特定するために医師の意見書は必要と考えるが、障害程度区分に基づく支給決定という現行のプロセスは廃止すべきである。新たにニーズ中心のケアマネージメントのプロセスを取り入れ、相談支援専門職が障害者本人との「相談」の中から望む暮らしの実現のためのニーズをアセスメントし、本人の希望を最大限取り入れた支援計画案（サービス利用計画案）を作成し、自治体担当者との協議・調整により支給決定を行うプロセスに転換する必要がある。

○相談支援専門職はあくまでも障害者本人の立場に立つことを基本として、自治体やサービス提供事業所とは独立して相談支援活動を行えるようにしなければならない。

障害者総合支援法では、障害支援区分認定をふまえた支給決定と相談支援とを基本的には切り離しているが、「骨格提言」では、相談支援を通じてニーズを受け止め、必要なサービスを提供してゆく方式をとっている。この方向を専門職団体として明確に支持したのがＰＳＷ協会であった。

第1章第2節のはじめでもふれたように、「骨格提言」には障碍者の願いが凝縮されていると小宮山厚生労働大臣（当時）が述べた。その表現には「必ずしも他の関係者の強い支持はない」とのニュアンスを感じざるをえない。もしＰＳＷ協会のみならず、広く社会福祉界が「骨格提言」の方向をより強く支持すれば、厚生労働省もより多くを取り入れた法案を準備することになったと考えられる。

その意味でも、今後の「骨格提言」実現のための取り組みにあたっては、障碍者団体と社会福祉関係団体との協力・協議がより重視されなければならない。社会福祉関係団体のサイドでは、ソーシャルアクションも重要なソーシャルワークの専門的機能の一つであるという原点を振り返る必要がある。障碍者団体のサイドでは、ニーズに基づく支給決定方式への転換などの大改革が広範な関係団体の強い支持なしに実現することはありえないことをふまえて、より連携を広げる努力を行う必要がある。

3　共生社会の実現をめざして

「骨格提言」の「おわりに」では，障碍者など一部の構成員を閉め出す社会は弱くもろい社会である，という一九七九年の国連決議「国際障害者年行動計画」の一文を紹介している。そして，

今，日本中が協力して災害からの新生・復興をすすめ，すべての人が尊重され，安心して暮らせる社会を作ろうとしています。本骨格提言がめざす共生社会は，この新生・復興の日本社会の不可欠の一部となると信じます。障害者がその人らしく働いたり，社会活動しながら，暮らせる社会はすべての人が暮らしやすい社会でもあります。

としている。

「骨格提言」の実現をめざすのは単に障碍者の生活と権利のためだけではない。全員参加の社会，共生社会，すべての人が暮らしやすい社会の実現のためである。

たとえば，駅のエレベーターやエスカレーターは障碍者のためのバリアフリー対策という要素が強かったが，いまや高齢者，乳児を抱く親，重い荷物をもつ人々にとっても欠かせない設備となった。

使いやすい手すり付き洋式トイレ，扱いやすいＩＣ機器や日常生活用品，働きやすい職場，個

別のニーズを配慮した教育、災害時の避難所の環境整備など、障碍者や高齢者のために取り組まれた工夫や対策も、多くの人に役立っている。

二〇一六年四月施行予定の障害者差別解消法の制定によって合理的配慮の不提供も障碍者差別として禁じられることになり、日本社会がこの新しい概念を理解し生かすことができるかどうかが注目される。そしてやがてはいくつかの先進国のように、合理的配慮はより一般的な言葉として、つまり宗教、性別、年齢、障碍、妊娠や家族構成等に伴う個別的なニーズへの対応を意味する言葉として日本社会に定着し、すべての人が暮らしやすい社会をつくるツールの一つとなることが期待される。

また、介護保険の課題、とくに社会参加のための支援の実現や低所得者の自己負担をなくす課題などは、現在の障害者総合支援法の仕組みを取り入れるだけでも大きく改善されるが、「骨格提言」を取り入れることによってより高齢者から歓迎される制度となる。「骨格提言」実現と介護保険改革を合わせた「障害者・高齢者総合福祉法案」がすでに障害者生活支援システム研究会から提案されている。(3)

このように、障碍者のための制度や環境の進展は、確実に共生社会の実現を近づけるものとい

（3）　障害者生活支援システム研究会編、二〇一三『権利保障の福祉制度創設をめざして　提言　障害者・高齢者総合福祉法』（障害者の人権とこれからの社会保障3）かもがわ出版

える。

たしかに、すぐに実現できないことも「骨格提言」にはある。とくに個別ニーズ評価のシステムの形成や専門職の養成などは十分な準備が必要とされる。しかし政府において重要なことは、「条約」履行の重要部分として「骨格提言」実現の「意志」をもつことであろう。それは歴史的な流れであり、いつまでも「検討」を続けるべきではなく、続けることのできないものである。

おわりに

筆者は、学生時代のセツルメント活動で訪問した「ねたきり老人」から、「早く死ねる薬をくれ」と言われました。重症心身障碍のある弟を持つ学生さんから「弟が生きる意味は何か」と問われました。障碍者福祉の研究と教育に携わってから約四〇年、これらの問いを忘れてはいけないと感じてきました。本書はひとつの「中間報告」であり、これらの問いにどう応えたらよいのか、今後とも私なりの模索を続けてゆきたいと思います。

第2章第3節「総合支援法の『検討規定』と『骨格提言』」で見たように、障害者総合支援法の附則第三条は実質一〇項目の「検討規定」を定めています。二〇一三年四月の「施行後三年を目途として」の検討なので、すでに検討期間の半分以上がすぎました。第2章の補論で紹介した「意思疎通支援のあり方」についての調査はその検討の基礎の一つとなるものですが、すべての検討項目について、しっかりしたデータを元に、「骨格提言」を踏まえ、かつ障碍者の意見を十分な時間的ゆとりをもって聞いて、検討すべきです。

本書がそのために少しでも役立てればうれしく思います。

「骨格提言」が生まれなければ本書もありえませんでした。その意味で、意見の違いを乗り越えて合意を形成してくださった「総合福祉部会」の委員の皆様、事務局として支えてくださった内閣府・厚生労働省の職員の皆様、情報保障や介護などの面で支援をしてくださった皆様、この改革に関心を寄せ意見を提出してくださった全国の障碍者団体や関係団体の皆様に感謝いたします。

また、貴重な写真によってイメージを持ちやすくしてくださった特定非営利活動法人日本障害者協議会の薗部英夫さん、および読みやすい表現にするために多くの助言をいただいた有斐閣編集部の堀奈美子さんにもお礼を申し上げます。

なお、本書の一部は、近年筆者が雑誌等に投稿した原稿を大幅に加筆修正したものです。

序章「『障がい者制度改革』の第二ステージへ」のベースになったのは、佐藤久夫「講座・『障がい者制度改革』の軌跡 第一回――背景と経過」『リハビリテーション研究』一五九号、二〇一四年、三七‐四〇頁です。

第1章「『骨格提言』がめざすもの」のベースになったのは、佐藤久夫「解説 障害者総合福祉法骨格提言の制定過程と内容面のポイント」『響き合う街で』五九号、二〇一一年、二‐一七頁です。

第2章「障害者総合支援法の課題」のベースとなったのは、佐藤久夫「『骨格提言』と障害者総合支援法案――障害者福祉改革の動向」『障害者問題研究』四〇巻一号、二〇一二年、六六－七四頁です。

第3章「政府の方針を問い直す」および終章「『すべての人が暮らしやすい社会』の実現をめざして」はほぼ書き下ろしです。

本書は、「骨格提言」の内容とその根拠となる考え方を正確に紹介するよう心がけてきました。しかし当然のことながら筆者個人の理解や考え方が随所に記されています。場合によっては「佐藤氏がこのような誤解や一面的な見方をしているとは知らなかった。元部会長であるので、これでは『骨格提言』全体の信頼性が損なわれるのではないか」と感じられる箇所もあるかもしれません。そのような点をお気づきの方は、お手数ですが筆者までご連絡をいただければありがたいと存じます（Eメール：hisao.sato@jcsw.ac.jp）。

二〇一五年三月

佐藤久夫

◈著者紹介

佐藤　久夫（さとう　ひさお）

日本社会事業大学特任教授。

1948年生まれ。東京大学医学部保健学科卒，同大学院医学系研究科保健学博士課程修了，保健学博士。

1977年，日本社会事業大学講師。助教授を経て1992年同教授。2013年定年退職，以後現職。

2010年から2012年まで内閣府・厚労省の障がい者制度改革推進会議総合福祉部会部会長を勤める。

主著：『障害者福祉の世界』（佐藤久夫・小澤温の共著，有斐閣，初版2000年，第4版補訂版2013年），

『障害構造論入門』（単著，青木書店，1992年），

『障害者福祉論』（単著，誠信書房，1991年），など。

共生社会を切り開く
——障碍者福祉改革の羅針盤

Toward an Inclusive Society: A Guidepost for Institutional Reform of Disability Policy

2015年5月25日　初版第1刷発行

著　者　佐　藤　久　夫

発行者　江　草　貞　治

発行所　株式会社　有　斐　閣

郵便番号 101-0051
東京都千代田区神田神保町 2-17
電話（03）3264-1315〔編集〕
（03）3265-6811〔営業〕
http://www.yuhikaku.co.jp/

印刷・精文堂印刷株式会社／製本・牧製本印刷株式会社

©2015，Hisao Sato．Printed in Japan
落丁・乱丁本はお取替えいたします。
★定価はカバーに表示してあります。

ISBN 978-4-641-17409-2

JCOPY 本書の無断複写（コピー）は，著作権法上での例外を除き，禁じられています。複写される場合は，そのつど事前に，（社）出版者著作権管理機構（電話03-3513-6969，FAX03-3513-6979，e-mail：info@jcopy.or.jp）の許諾を得てください。

資料：「骨格提言」第Ⅰ部(障害者総合福祉法の骨格提言)の章・表題・結論(各結論の「説明」部分は略)

1　法の理念・目的・範囲

表題	結　論
前文	○障害者総合福祉法には，下記の通り，本法制定の経緯，この法に求められる精神等を内容とする前文を設けるべきである。
法の名称	○この法律は『障害者総合福祉法』と称する。
法の目的	○この法律の目的として，以下の内容を盛り込むべきである。 ・　この法律が，憲法第13条，第14条，第22条，第25条等の基本的人権や改正された障害者基本法等に基づき，全ての障害者が，等しく基本的人権を享有する個人として尊重され，他の者との平等が保障されるものであるとの理念に立脚するものであること。 ・　この法律が，障害者の基本的人権の行使やその自立及び社会参加の支援のための施策に関し，どこで誰と生活するかについての選択の機会が保障され，あらゆる分野の活動に参加する機会が保障されるために必要な支援を受けることを障害者の基本的権利として，障害の種類，軽重，年齢等に関わりなく保障するものであること。 ・　国及び地方公共団体が，障害に基づく社会的不利益を解消すべき責務を負うことを明らかにするとともに，障害者の自立及び社会参加に必要な支援のための施策を定め，その施策を総合的かつ計画的に実施すべき義務を負っていること。 ・　これらにより，この法律が，全ての国民が，障害の有無によって分け隔てられることなく，相互に人格と個性を尊重し合いながら共生する社会を実現するものであること。
法の理念	○以下の基本的視点を理念規定に盛り込むべきである。 ・　保護の対象から権利の主体への転換を確認する旨の規定 ・　医学モデルから社会モデルへの障害概念の転換を確認する旨の規定

地域で自立した生活を営む基本的権利	○地域で自立した生活を営む権利として，以下の諸権利を障害者総合福祉法において確認すべきである。 1．障害ゆえに命の危険にさらされない権利を有し，そのための支援を受ける権利が保障される旨の規定。 2．障害者は，必要とする支援を受けながら，意思(自己)決定を行う権利が保障される旨の規定。 3．障害者は，自らの意思に基づきどこで誰と住むかを決める権利，どのように暮らしていくかを決める権利，特定の様式での生活を強制されない権利を有し，そのための支援を受ける権利が保障される旨の規定。 4．障害者は，自ら選択する言語(手話等の非音声言語を含む)及び自ら選択するコミュニケーション手段を使用して，市民として平等に生活を営む権利を有し，そのための情報・コミュニケーション支援を受ける権利が保障される旨の規定。 5．障害者は，自らの意思で移動する権利を有し，そのための外出介助，ガイドヘルパー等の支援を受ける権利が保障される旨の規定。 6．以上の支援を受ける権利は，障害者の個別の事情に最も相応しい内容でなければならない旨の規定。 7．国及び地方公共団体は，これらの施策実施の義務を負う旨の規定。
国の義務	○国の義務として，以下の規定を設けるべきである。 1．国は，障害の有無，種別，軽重等に関わらず障害者がどの地域に居住しても等しく安心して生活することができる権利を保障する義務を有すること。 2．国は，障害種別や程度による制度の谷間や空白及び制度上の格差が生じないように制度設計を行う責務を有すること。 3．国は，地域間に支援の格差が発生することを防止し，又は発生した格差を解消することができる制度設計を行う責務を有するとともに，市町村への支援施策に関し必要な財政上の措置を行うこと。 4．国は，都道府県と共に，市町村が実施する支援施策の実態を把握し，障害者総合福祉法の基本的権利に基づいて，それが実施されるように，広くその実施状況を国民に明らかにし，同法の実施を監視し，推し進める責務を有すること。

都道府県の義務	○都道府県の義務として，以下の規定を設けるべきである。 1．市町村の行う支援施策の実態を把握すると共に，障害者総合福祉法の基本的権利に基づいて，それが実施されるように，広くその実施状況を都道府県民に明らかにし，同法の実施を推し進めること。 2．市町村の支援施策に対して，必要な財政的補助を行うこと。その際，特定の市町村に集中する実態等があればそのことを勘案すること。 3．市町村の支給決定に対してなされる不服申し立てを受理し，障害者総合福祉法の基本的権利に基づいて審査する等，必要な措置を講じること。 4．市町村と連携を図りつつ，相談支援体制の整備及び広域でなければ実施が困難な支援を行うこと。
市町村の義務	○市町村の義務として，以下の規定を設けるべきである。 1．障害者総合福祉法の基本的権利に基づいて，当該市町村の区域における障害者の生活の現状及び障害者がどこで誰と生活し，どのような分野で社会参加を希望・選択するかなどを把握した上で，関係機関との緊密な連携を図りつつ，必要な支援施策を総合的かつ計画的に実施すること。 2．障害者総合福祉法の基本的権利に基づいて，障害者の支援施策の提供に関し，必要な情報の提供及び適切な説明を尽くし，並びに相談に応じ，必要な調査及び指導を行うと共に，そのサービス利用計画等を勘案して必要な支援施策を提供すること。
基盤整備義務	○国及び地方公共団体は，支援を実施する事業者が地域に偏在しないよう事業者への財政援助，育成を含めた基盤整備義務を有する。
国民の責務	○すべての国民は，その障害の有無にかかわらず，相互にその人格と個性を尊重しあいながら共生することのできる社会の実現に協力するものとする。
介護保険との関係	○障害者総合福祉法は，障害者が等しく基本的人権を享有する個人として，障害の種別と程度に関わりなく日常生活及び社会生活において障害者のニーズに基づく必要な支援を保障するものであり，介護保険法とはおのずと法の目的や性格を異にするものである。この違いを踏まえ，それぞれが別個の法体系として制度設計されるべきである。 ○介護保険対象年齢になった後でも，従来から受けていた支援を原則として継続して受けることができるものとする。

2　障害（者）の範囲

表題	結　論
法の対象規定	○障害者総合福祉法が対象とする障害者(障害児を含む)は，障害者基本法第二条第一項に規定する障害者をいう。 障害者基本法(平成23年８月５日公布) 第二条　この法律において，次の各号に掲げる用語の意義は，それぞれ当該各号に定めるところによる。 一　障害者　身体障害，知的障害，精神障害(発達障害を含む。)その他の心身の機能の障害(以下「障害」と総称する。)がある者であつて，障害及び社会的障壁により継続的に日常生活又は社会生活に相当な制限を受ける状態にあるものをいう。 二　社会的障壁　障害がある者にとつて日常生活又は社会生活を営む上で障壁となるような社会における事物，制度，慣行，観念その他一切のものをいう。 ○上記の定義における心身の機能の障害には，慢性疾患に伴う機能障害を含むものとする。

3　選択と決定（支給決定）

表題	結　論
支給決定の在り方	○新たな支給決定にあたっての基本的な在り方は，以下のとおりとする。 1．支援を必要とする障害者本人(及び家族)の意向やその人が望む暮らし方を最大限尊重することを基本とすること。 2．他の者との平等を基礎として，当該個人の個別事情に即した必要十分な支給量が保障されること。 3．支援ガイドラインは一定程度の標準化が図られ，透明性があること。 4．申請から決定まで分かりやすく，スムーズなものであること
支給決定のしくみ	○支給決定のプロセスは，原則として，以下のとおりとする。 1．障害者総合福祉法上の支援を求める者(法定代理人も含む)は，本人が求める支援に関するサービス利用計画を策定し，市町村に申請を行う。 2．市町村は，支援を求める者に「障害」があることを確認する。 3．市町村は，本人が策定したサービス利用計画について，市町村の支援ガイドラインに基づき，ニーズアセスメントを行う。

	4．本人又は市町村により，申請の内容が支援ガイドラインの水準に適合しないと判断した場合には，市町村が本人（支援者を含む）と協議調整を行い，その内容にしたがって，支給決定をする。 5．4の協議調整が整わない場合，市町村（または圏域）に設置された第三者機関としての合議機関において検討し，市町村は，その結果を受けて支給決定を行う。 6．市町村の支給決定に不服がある場合，申請をした者は都道府県等に不服申立てができるものとする。 ○支給決定について試行事業を実施し，その検証結果を踏まえ，導入をはかるものとする。
サービス利用計画	○サービス利用計画とは，障害者総合福祉法上の支援を希望する者が，その求める支援の内容と量の計画を作成し，市町村に提出されるものをいう。なお，そのサービス利用計画の作成にあたり，障害者が希望する場合には，相談支援専門員等の支援を受けることができる。
「障害」の確認	○市町村は，「心身の機能の障害」があることを示す証明書によって法律の対象となる障害者であるか否かの確認を行う。証明書は，障害者手帳，医師の診断書，もしくは意見書，その他，障害特性に関して専門的な知識を有する専門職の意見書を含むものとする。
支援ガイドライン	○国及び市町村は，障害者の地域生活の権利の実現をはかるため，以下の基本的視点に基づいて，支援ガイドラインを策定するものとする。 1．国は，障害者等の参画の下に「地域で暮らす他の者との平等を基礎として生活することを可能とする支援の水準」を支給決定のガイドラインのモデルとして策定すること。 2．国及び市町村のガイドラインは，障害の種類や程度に偏ることなく，本人の意思や社会参加する上での困難等がもれなく考慮されること。 3．市町村は，国が示すガイドラインのモデルを最低ラインとして，策定すること。 4．市町村のガイドラインは，障害者等が参画して策定するものとし，公開とすること。また，適切な時期で見直すものとすること。
協議調整	○障害者又は市町村において，サービス利用計画がガイドラインに示された水準やサービス内容に適合しないと判断した場合，市町村は，障害者（及び支援者）と協議調整を行い，これに基づいて支給決定する。

合議機関の設置と機能	○市町村は，前記の協議が整わない場合に備え，第三者機関として，当事者相談員，相談支援専門員，地域の社会資源や障害者の状況をよく知る者等を構成員とする合議機関を設置する。 ○合議機関は，本人のサービス利用計画に基づき，その支援の必要性を検討するとともに，支援の内容，支給量等について判断するものとする。 ○障害者が希望する場合には，合議機関で意見陳述の機会が設けられる。 ○市町村は，合議機関での判断を尊重しなければならない。
不服申立	○市町村は支給決定に関する異議申立の仕組みを整備するとともに，都道府県は，市町村の支給決定に関して，実効性のある不服審査が行えるようにする。 ○不服申立は，手続き及び内容判断の是非について審議されるものとし，本人の出席，意見陳述及び反論の機会が与えられるものとする。

4　支援（サービス）体系

表題	結　論
支援体系	○障害者の支援体系は以下の通りとする。 A．全国共通の仕組みで提供される支援 1．就労支援 2．日中活動等支援 3．居住支援 4．施設入所支援 5．個別生活支援 6．コミュニケーション支援及び通訳・介助支援 7．補装具・日常生活用具 8．相談支援 9．権利擁護 B．地域の実情に応じて提供される支援 市町村独自支援 ・福祉ホーム ・居住サポート ・その他（支給決定プロセスを経ずに柔軟に利用できる支援等） C．支援体系を機能させるために必要な事項 1．医療的ケアの拡充 2．日中活動の場等における定員の緩和等 3．日中活動の場への通所保障

	4．グループホームでの生活を支える仕組み 5．グループホーム等，暮らしの場の設置促進 6．一般住宅やグループホームへの家賃補助 7．他分野との役割分担・財源調整

A．全国共通の仕組みで提供される支援

4－A－1．就労支援

表題	結　論
就労支援の仕組みの障害者総合福祉法における位置づけ	○障害のある人への就労支援の仕組みとして，「障害者就労センター」と「デイアクティビティセンター(仮称，以下同様)」(作業活動支援部門)を創設する。 ○社会的雇用等多様な働き方についての試行事業(パイロット・スタディ)を実施し，障害者総合福祉法施行後3年をめどにこれを検証する。その結果を踏まえ障害者の就労支援の仕組みについて，関係者と十分に協議しつつ所管部局のあり方も含め検討する。

4－A－2．日中活動等支援

表題	結　論
①デイアクティビティセンター	○デイアクティビティセンターを創設する。 ○デイアクティビティセンターでは，作業活動支援，文化・創作活動支援，自立支援(生活訓練・機能訓練)，社会参加支援，居場所機能等の多様な社会参加活動を展開する。 ○医療的ケアを必要とする人等が利用できるような濃厚な支援体制を整備するなど，利用者との信頼関係に基づく支援の質を確保するための必要な措置を講じる。
②日中一時支援，ショートステイ	○日中一時支援は，全国どこでも使えるようにするため，個別給付にする。 ○ショートステイは，医療的ケアを必要とする人も安心して利用できるよう条件整備をする。

4－A－3．居住支援

表題	結　論
GH・CH の制度	○グループホームとケアホームをグループホームに一本化する。グループホームの定員規模は家庭的な環境として4～5人を上限規模とすることを原則とし，提供する支援は，住まいと基本的な日常生活上の支援とする。

4－A－4．施設入所支援

表題	結　論
施設入所支援	○施設入所支援については，短期入所，レスパイトを含むセーフティネットとしての機能の明確化を図るとともに，利用者の生活の質を確保するものとする。 ○国は，地域移行の促進を図りつつ，施設における支援にかかる給付を行うものとする。 ○国及び地方公共団体は，施設入所者の地域生活への移行を可能にするための地域資源整備の計画を策定し，地域生活のための社会資源の拡充を推進する。 ○施設は入所者に対して，地域移行を目標とする個別支援計画を策定することを基本とし，並行して入所者の生活環境の質的向上を進めつつ，意向に沿った支援を行う。また，相談支援機関と連携し，利用者の意向把握と自己決定(支援付き自己決定も含む)が尊重されるようにする。 ○施設入所支援については，施設入所に至るプロセスの検証を行いつつ，地域基盤整備10カ年戦略終了時に，その位置づけなどについて検証するものとする。

4－A－5．個別生活支援

表題	結　論
①重度訪問介護の発展の創設	○パーソナルアシスタンスとは， 1)利用者の主導(支援を受けての主導を含む)による 2)個別の関係性の下での 3)包括性と継続性 を備えた生活支援である。 ○パーソナルアシスタンス制度の創設に向けて，現行の重度訪問介護を充実発展させる。

的継承によるパーソナルアシスタンス制度	○対象者は重度の肢体不自由者に限定せず，障害種別を問わず日常生活全般に常時の支援を要する障害者が利用できるようにする。また，障害児が必要に応じてパーソナルアシスタンス制度を使えるようにする。 ○重度訪問介護の利用に関して一律にその利用範囲を制限する仕組みをなくす。また，決定された支給量の範囲内であれば，通勤，通学，入院，1日の範囲を越える外出，運転介助にも利用できるようにする。また，制度利用等の支援，見守りも含めた利用者の精神的安定のための配慮等もパーソナルアシスタンスによる支援に加える。 ○パーソナルアシスタンスの資格については，従事する者の入り口を幅広く取り，仕事をしながら教育を受ける職場内訓練(OJT)を基本にした研修プログラムとし，実際に障害者の介助に入った実経験時間等を評価するものとする。
②居宅介護(身体介護・家事援助)の改善	○現行の居宅介護を改善した上で，個別生活支援に位置付ける。
③移動介護(移動支援，行動援護，同行援護)の個別給付化	○障害種別を問わず，すべての障害児者の移動介護を個別給付にする。 ○障害児の通学や通園のために移動介護を利用できるようにする。

4－A－6．コミュニケーション支援及び通訳・介助支援

表題	結　論
コミュニケーション支援及び通訳・介助支援	○コミュニケーション支援は，支援を必要とする障害者に対し，社会生活の中で行政や事業者が対応すべき必要な基準を設け，その費用は求めない。 ○通訳・介助支援に関しては，盲ろう者の支援ニーズの特殊性・多様性，さらにその存在の希少性等の事情から都道府県での実施とし，個別のニーズに応じたコミュニケーションと情報入手に関わる支援及び移動に関わる支援等を一体的に利用できるようにする。

4－A－7．補装具・日常生活用具

表題	結　論
補装具・日常生活用具	○日常生活用具は補装具と同様に個別給付とする。

4－A－8．相談支援　「相談支援」の項参照

4－A－9．権利擁護　「権利擁護」の項参照

4－B．地域の実情に応じて提供される支援

市町村独自支援

表題	結　論
市町村独自支援	○現在，地域生活支援事業の下で実施されているものは，できるだけ「全国共通の仕組みで提供される支援」とし，柔軟な形の障害者の社会参加を進めるものなど自治体の裁量として残す方がよいものは，市町村独自支援として事業を残す。 ○現行の福祉ホームと居住サポート事業は市町村独自支援として継続し，前者はグループホームへの移行を可能にする。

C．支援体系を機能させるために必要な事項

4－C－1．医療的ケアの拡充

表題	結　論
医療的ケアの拡充	○日中活動支援の一つであるデイアクティビティセンターにおいて看護師を複数配置するなど，濃厚な医療的ケアが必要な人でも希望すれば同センターを利用できるような支援体制を確保する。併せて重症心身障害者については，児童期から成人期にわたり，医療を含む支援体制が継続的に一貫して提供される仕組みを創設する。 ○地域生活に必要な医療的ケア(吸引等の他に，カニューレ交換・導尿・摘便・呼吸器操作等を含む)が，本人や家族が行うのと同等の生活支援行為として，学校・移動中など，地域生活のあらゆる場面で確保される。 ○入院中においても，従来より継続的に介助し信頼関係を有する介助者(ヘルパー等)によるサポートを確保し，地域生活の継続を可能とする。

4－C－2．日中活動等支援における定員の緩和など

表題	結　論
日中活動等支援の定員の緩和など	○過疎地等の事業所が利用者５名でも事業を展開できるようにする。

4－C－3．日中活動等支援への通所保障

表題	結　論
日中活動等支援への通所保障	○国は日中活動等支援への送迎を支援内容の一環に位置付け，これに係る費用は報酬上で評価する仕組みとする。 ○報酬の算定にあたって声かけなどの送迎中の支援を踏まえることや，公共交通機関等による通所者の扱いを併せて検討する。

4－C－4．グループホームでの生活を支える仕組み

表題	結　論
グループホームでの生活を支える仕組み	○グループホームで居宅介護等の個別生活支援を利用できるようにする。 ○高齢化等により日中活動にかかる支援を利用することが困難であるか，又はそれを必要としない人が日中をグループホームで過ごすことができるように，支援体制の確保等，必要な措置を講じる。

4－C－5．グループホーム等，暮らしの場の設置促進

表題	結　論
グループホーム等，暮らしの場の設置促進	○国庫補助によるグループホームの整備費を積極的に確保する。また，重度の障害や様々なニーズのある人への支援も想定し，安定的運営を可能とする報酬額が必要である。一方，グループホームを建設する際の地域住民への理解促進について，事業者にのみに委ねる仕組みを見直し，行政と事業者が連携・協力する仕組みとすることが必要である。 ※公営住宅や民間賃貸住宅の活用については第Ⅲ部を参照のこと。

4－C－6．一般住宅やグループホームへの家賃補助

表題	結　論
グループホーム利用者への家賃補助等	○グループホーム利用者への家賃補助，住宅手当等による経済的支援策が重要である。 ※一般住宅に住む障害者への家賃補助，住宅手当等については第Ⅲ部を参照のこと。

4－C－7．他分野との役割分担・財源調整

表題	結　論
シームレスな支援と他分野との役割分担・財源調整	○障害がいかに重度であっても，地域の中で他の者と平等に学び，働き，生活し，余暇を過ごすことができるような制度とする。

5　地域移行

表題	結　論
「地域移行」の法定化	○「地域移行」とは，住まいを施設や病院から，単に元の家庭に戻すことではなく，障害者個々人が市民として，自ら選んだ住まいで安心して，自分らしい暮らしを実現することを意味する。 ○すべての障害者は，地域で暮らす権利を有し，障害の程度や状況，支援の量等に関わらず，地域移行の対象となる。 ○国が，社会的入院，社会的入所を早急に解消するために「地域移行」を促進することを法に明記する。 ○国は，重点的な予算配分措置を伴った政策として，地域移行プログラムと地域定着支援を法定施策として策定し，実施する。
地域移行プログラムと	○地域移行プログラムと地域定着支援は，実際に地域生活を始められるように，一人ひとりの状況に合わせて策定される。地域移行プログラムでは，入院・入所者に選択肢が用意され，本人の希望と納得のもとで施設や病院からの外出，地域生活を楽しむ体験，居住体験等のプログラムも提供される。また，地域定着支援では，地域生活に必要な支援，その他福祉制度に関する手続等の支援や必要とする社会資源に結び付けるなどの環境調整も行うものとする。

地域定着支援	○地域移行プログラムと地域定着支援の事業は，国の事業として行う。施設及び病院は，これらの事業を受けるよう積極的に努めなければならない。施設及び病院がこれらの事業を行う場合には，地域の相談支援事業者，権利擁護事業者等の地域移行支援者と連携するための体制を整備しなければならない。 ○ピアサポーター（地域移行の支援をする障害当事者）等は，入院・入所者の意思や希望を聴きとりつつ，支援するノウハウを活かし，重要な人的資源として中心的な役割を担う。特に長期入所者や入院者に対する支援は，不安軽減と意欲回復のために，本人に寄り添った支援が必要である。 ○入所施設・病院の職員がそれぞれの専門性をより高め，地域生活支援の専門職としての役割を果すため，国は移行支援プログラムを用意し，これらの職員の利用に供しなければならない。 ※地域移行を促進するための住宅確保の施策については第Ⅲ部を参照のこと。

6　地域生活の資源整備

表題	結　論
「地域基盤整備一〇カ年戦略」（仮称）策定の法定化	○国は，障害者総合福祉法において，障害者が地域生活を営む上で必要な社会資源を計画的に整備するため本法が実施される時点を起点として，前半期計画と後半期計画からなる「地域基盤整備10ヵ年戦略」（仮称）を策定するものとする。 策定に当たっては，とくに下記の点に留意することが必要である。 ・　長期に入院・入所している障害者の地域移行のための地域における住まいの確保，日中活動，支援サービスの提供等の社会資源整備は，緊急かつ重点的に行われなければならないこと。 ・　重度の障害者が地域で生活するための長時間介助を提供する社会資源を都市部のみならず農村部においても重点的に整備し，事業者が存在しないためにサービスが受けられないといった状況をなくすべきであること。 ・　地域生活を支えるショートステイ・レスパイト支援，医療的ケアを提供できる事業所や人材が不足している現状を改めること。 ○都道府県及び市町村は，国の定める「地域基盤整備10ヵ年戦略」（仮称）に基づき，障害福祉計画等において，地域生活資源を整備する数値目標を設定するものとする。

	○数値目標の設定は，入院者・入所者・グループホーム入居者等の実態調査に基づかなければならない。この調査においては入院・入所の理由や退院・退所を阻害する要因，施設に求められる機能について，障害者への聴き取りを行わなければならない。 ※地域移行を促進するための住宅確保の施策については第Ⅲ部を参照のこと。
障害福祉計画	○障害者総合福祉法の支援資源を総合的・計画的に整備するため，市町村は市町村障害福祉計画を，都道府県は都道府県障害福祉計画を策定し，国はその基本方針及びそのための整備計画を示す。 ○国が定める障害福祉計画のための第１期の整備計画は「地域基盤整備10ヵ年戦略」の前半期の整備計画をもって充てる。 ○障害福祉計画は，その策定過程と評価・見直し過程で，障害者，障害者の家族，事業者，その他の市民が参加する「地域生活支援協議会」の十分な関与を確保する。とくに知的障害・精神障害やこれまで制度の谷間におかれてきた障害者・難病等の当事者の参加が求められる。 ○基本方針および障害福祉計画の策定・評価は，客観的な調査データを踏まえて行なう。とりわけ地域社会での日常生活や社会参加の実態を障害のない市民のそれとの比較したデータを重視する。 ○障害福祉計画は１期５年とする。 ○国，都道府県，市町村は障害福祉計画の実施に必要な予算措置を講じる。
地域生活支援協議会	○地域における既存の社会資源を有機的に連携させ，地域全体にかかる課題を検討して地域社会の支援体制をより充実させる仕組みとして，市町村(ないし圏域)および都道府県単位で，障害者及びその関係者の参画を前提とした地域生活支援協議会を法定機関として設置する。 ○地域生活支援協議会は，その地域における障害者施策の現状と課題を検討し，改善方策や必要な施策を講じるための具体的な協議を行うほか，市町村又は都道府県における障害者に関する福祉計画策定に意見を述べるものとする。 ○とくに，都道府県単位の地域生活支援協議会は，上記のほか，広域的・専門的な情報提供と助言や市町村障害者福祉計画策定の支援機能を果たすものとする。 ○地域生活支援協議会は，ライフステージにわたる途切れない支援体制が整備されるよう，地域における様々な社会資源と連携するものとする。

7　利用者負担

表題	結　論
利用者負担	○他の者との平等の観点から，食材費や光熱水費等の誰もが支払う費用は負担をすべきであるが，障害に伴う必要な支援は，原則無償とすべきである。 ただし，高額な収入のある者には，収入に応じた負担を求める。その際，認定する収入は，成人の場合は障害者本人の収入，未成年の障害者の場合は世帯主の収入とする。 また，高額な収入のある者の利用者負担については，介護保険の利用を含む必要なサービスの利用者負担を合算し，現行の負担水準を上回らないものとすることが必要である。 ○上記の障害に伴う必要な支援とは，主に以下の６つの分野に整理することができる。 ①相談や制度利用のための支援 ②コミュニケーションのための支援 ③日常生活を送るための支援や補装具の支給 ④社会生活・活動を送るための支援(アクセス・移動支援を含む) ⑤就労支援 ⑥医療・リハビリテーションの支援 なお，⑥の医療については，障害者のすべての医療費を全額公費負担にというものではなく，障害に伴う医療費の自己負担を公費負担にすることについて述べたものである。

8　相談支援

表題	結　論
相談支援	○相談支援の対象は，障害者総合福祉法に定める障害者，同法の支援の可能性がある者及びその家族等とする。 ○相談支援は，福祉制度を利用する際の相談のみでなく，障害，疾病等の理由があって生活のしづらさ，困難を抱えている人びとに，福祉・医療サービス利用の如何にかかわらず幅広く対応するものとする。 また，障害者本人の抱える問題全体に対応する包括的支援の継続的なコーディネートを行う。 さらに，障害者のニーズを明確にするとともに，その個別ニーズを満たすために，地域でのあらたな支援体制を築くための地域への働きかけも同時に行うものとする。

相談支援機関の設置と果たすべき機能	○人口規模による一定の圏域ごとに，地域相談支援センター，総合相談支援センターの配置を基本とし，エンパワメント支援事業を含む複合的な相談支援体制を整備する。 ○身近な地域での障害種別や課題別，年齢別によらないワンストップの相談支援体制の整備充実，一定の地域における総合的な相談支援体制の拡充を行い，さらに広域の障害特性に応じた専門相談支援や他領域の相談支援(総称して以下，特定専門相談センター)との連携やサポート体制の整備を行う。 ○身近な地域での障害者本人(その家族を含む)のエンパワメントを目的とするピアサポートや家族自身による相談支援を充実する(エンパワメント支援事業)。 ○地域相談支援センター，総合相談支援センター(以下「相談支援事業所」と総称する)は，障害者本人等の側に立って支援することから，給付の決定を行う市町村行政やサービス提供を行う事業所からの独立性が担保される必要がある。
本人(及び家族)をエンパワメントするシステム	○国は，障害者本人によるピアサポート体制をエンパワメント事業として整備する。身近な地域(市町村，広域圏，人口５万人から30万人)に最低１か所以上の割合で地域におけるエンパワメント支援を行える体制の整備を行うものとする。 ○エンパワメント支援事業の目的は，障害者たちのグループ活動，交流の場の提供，障害者本人による自立生活プログラム(ILP)，自立生活体験室，ピアカウンセリング等を提供することで，地域の障害者のエンパワメントを促進することである。 ○エンパワメント支援事業の実施主体は，障害者本人やその家族が過半数を占める協議体によって運営される団体とする。 ○エンパワメント支援事業は，地域相談支援センターに併設することができる。 ○障害者本人(及び家族)をエンパワメントするシステムの整備については，当事者リーダーや，真に障害者をエンパワメントできる当事者組織の養成を図りつつ，段階的に実施する。
相談支援専門員の	○相談支援専門員(仮称)に関する理念と役割を示すことが重要である。 ○相談支援専門員の基本理念は，すべての人間の尊厳を認め，いかなる状況においても自己決定を尊重し，当事者(障害者本人及び家族)との信頼関係を築き，人権と社会正義を実践の根底に置くことである。 ○上記の理念に基づき相談支援専門員は，本人の意向やニーズを聴き取り，必要に応じて本人中心支援計画およびサービス利用計画の策定にか

理念と役割	かる支援を行う。具体的には，本人のニーズを満たすために制度に基づく支援に結びつけるだけでなく，制度に基づかない支援を含む福祉に限らない教育，医療，労働，経済保障，住宅制度等々あらゆる資源の動員を図る努力をする。 また，資源の不足などについて，その解決に向けて活動することも重要である。
相談支援専門員の研修	○国は研修要綱を定め，都道府県において研修の企画から実施までの実務を担う者に対する指導者研修を行う。 ○都道府県が実施する研修には基礎研修，フォローアップ研修，専門研修，更新研修，その他がある。都道府県はその地域生活支援協議会に人材育成の部会を設け，上記国の行う指導者研修の修了者とともに都道府県が行うべき研修を企画し実施するものとする。研修運営等について委託することもできる。 ○研修の実施にあたっては，障害者が研修企画や講師となって研修を提供する側になること，または研修を受ける側にもなるなど，研修への当事者の参画を支援することが重要である。

9　権利擁護

表題	結　論
サービスの希望者及び利用者の権利擁護制度	○障害者総合福祉法における権利擁護とは，サービスを希望し，または利用する障害者のそれぞれの生活領域(居宅，グループホーム，入所施設等における生活，日中活動や就労の場等)や場面(精神科病院からの退院促進を含む地域移行)において，本人が孤立してかかえる苦情や差別的な取扱い，虐待その他の人権侵害から，障害者総合福祉法の目的と理念にかかげる権利を擁護し，侵害された権利の救済を図ることによって，本人がエンパワメントしていく過程をいう。 ○上記の権利擁護は，サービスを希望する，または利用する障害者の申請から相談支援，支給決定，サービス利用，不服申立のすべてにわたるプロセスに対応する。 ○国は，上記の障害者総合福祉法における権利擁護を実現するための体制整備を行うとともに，差別的取り扱いや虐待等の関係する法制度との柔軟で効果的な連携協力を図るものとする。

第三者の訪問による権利擁護(オンブズパーソン)制度	○国は，都道府県ないし政令指定都市単位で，障害者のそれぞれの生活領域(居宅グループホーム，入所施設等における生活，日中活動や就労の場等)や場面(精神科病院からの退院促進を含む地域移行)において，障害者の求めに応じ，障害者本人を含む権利擁護サポーター等の第三者が訪問面会を行う権利擁護のための体制整備を行うものとする。 ※入院中の精神障害者の権利擁護，障害児の権利擁護については第Ⅲ部を参照のこと。
権利擁護と虐待防止	○障害者総合福祉法においては，サービスを提供する事業者の責務として，虐待や人権侵害をしてはならないことを明記するとともに，事業者が虐待の発生を未然に防止し，発生した虐待を早期に発見し，侵害された権利を回復するための体制を整備する責務を明記すべきである。 ○虐待が発生した場合には，サービスを提供する事業者やその関係者等は早期の発見と通報を行い，都道府県の権利擁護センターや市町村の虐待防止センター等と連携協力しなければならない。 ○都道府県及び市町村は，事業者による虐待防止体制の構築に関して，職員研修，情報の提供，財政等の支援を行うものとする。 ※第三者の訪問による権利擁護と虐待防止法については第Ⅲ部を参照のこと。
サービスに関する苦情解決のためのサポート	○障害者総合福祉法で提供されるサービスに関して苦情を解決するためには，①寄り添い型の相談支援，②サポート機関，の二つが必要である。 ○寄り添い型の相談支援とは，苦情という形で問題化する以前の段階での相談であり，障害者本人とその関係者からの話を丁寧に聞きとる事前相談を基本とする支援をいう。相談支援機関には，とくに本人の意向に沿った支援をする役割が求められる。 ○サポート機関とは，本人がサービスに対する苦情をかかえた場合，本人の側に立って，権利擁護の観点から苦情解決に向けて対応するサポート機関(相談機関も含む)であり，これを設置することが必要である。 ※苦情解決機関(社会福祉法)については第Ⅲ部を参照のこと。
モニタリング機関	※モニタリング機関については第Ⅲ部を参照のこと。

権利擁護と差別禁止	※権利擁護と差別禁止については第Ⅲ部を参照のこと。

10　報酬と人材確保

表題	結　論
報酬と人材確保の基本理念	○障害者の地域で自立した生活を営む基本的権利を保障するために必要なサービスを確保するため，適正な事業の報酬と必要な人材を確保すべきである。
報酬における基本的方針と水準	○報酬における基本的方針は，以下のとおりである。 ・　支援の質の低下，現場を委縮させない報酬施策を実施する。 ・　わかりやすい報酬制度にする。 ・　利用者に不利益をもたらさない。 ○報酬における水準は，採算線(レベル)を利用率80％程度で設定し，安定的な障害サービスを提供するために，事業者が安定して事業経営し，従事者が安心して業務に専念出来る事業の報酬水準とする。 ○なお，常勤換算方式を廃止する。
報酬の支払い方式	○報酬の支払い方式に関して，施設系支援にかかる場合と在宅系支援にかかる場合に大別する。 ○施設系支援にかかる報酬については，「利用者個別給付報酬」(利用者への個別支援に関する費用)と「事業運営報酬」(人件費・固定経費・一般管理費)に大別する。前者を原則日払いとし，後者を原則月払いとする。 ○在宅系支援にかかる報酬については，時間割り報酬とする。 ○すべての報酬体系において基本報酬だけで安定経営ができる報酬体系とする。
人材確保施策における基本的視点	○人材確保こそが障害者地域生活実現の鍵である。 ○障害福祉に対する公的責任を障害者本人やその家族に転嫁してはならない。 ○支援者の確保は，地域における雇用創出である。 ○重層的な人的支援のネットワーク化を重視し，人材を循環させる。

福祉従事者の賃金における基本的方針と水準	○障害者の安定した地域生活を支える人材を確保し，また，その人材が誇りと展望をもって支援を継続できるようにするため，少なくとも年齢別賃金センサスに示された全国平均賃金以下にならないよう事業者が適切な水準の賃金を支払うこととする。 ○そのためには，事業者が受け取る報酬の積算に当たっては，少なくとも上記水準の賃金以下とならないような事業報酬体系を法的に構築すべきである。
人材養成	○人材の養成においては，現場体験を重視した研修システムが必要である。支援を提供するうえで必要となる「資格」は支援の質の最低基準の保障と支援者の社会的評価，モチベーション維持等のためのものであると位置づけるものとする。 ○相談支援や権利擁護に必要な障害者の人材確保として，国はピアカウンセラーの養成を積極的に支援するものとする。 ○国及び都道府県は，制度運営主体である市町村の人材養成を支援するものとする。